**ПСИХОЛОГИЯ** | ВСЁ ПО ПОЛОЧКАМ

D1726443

Оксана Сергеева

# 49 простых правил

# ЯЗЫК ЖЕСТОВ

# Как читать мысли без слов?

Москва
Эксмо
2013

УДК 159.9
ББК 88.53
С 32

Оформление серии *Н. Никоновой*

**Сергеева О.**
С 32   Язык жестов. Как читать мысли без слов?
49 простых правил / Оксана Сергеева. — М. :
Эксмо, 2013. — 128 с. — (Психология. Все по полочкам).

**ISBN 978-5-699-29064-2**

Можно ли узнать настроение человека по его внешнему виду? Можно ли определить, какое он принял решение, если не было сказано ни слова? Можно ли обмануть так, чтобы никто этого не заметил, или уличить человека в обмане без детектора лжи? Можно, если вы умеете читать тайный язык жестов!

Перед вами свод уникальных правил, которые помогут вам стать специалистом в общении без слов. Вы не только научитесь читать мысли и чувства, которые от вас хотят скрыть, но и обретете уверенность в общении с любыми собеседниками.

УДК 159.9
ББК 88.53

© Сергеева О., 2008
© ООО «Издательство «Эксмо», 2013

**ISBN 978-5-699-29064-2**

# Введение

Человек передает информацию не только с помощью слов (вербально), но и при помощи жестов, мимики, позы, взгляда, внешнего вида, дистанции при разговоре, украшений — то есть при помощи невербальных сигналов. Доказано, что большую часть информации о человеке (около 80%) мы получаем именно из невербальных источников, тогда как слова дают нам всего лишь 20% всей информации. Очень часто невербальная информация остается «за кадром» нашего восприятия, потому что мы не умеем ее прочитывать и интерпретировать.

Мы зачастую не замечаем очевидного: мы верим формально сказанным словам согласия, в то время как человек отрицательно кивает головой, пытаясь нас предупредить — я не согласен. Мы не обращаем внимания на то, что человек, встречающий нас с улыбкой, скрестил на груди руки — признак оборонительной позиции — «мне некомфортно и неуютно».

Книга предназначена для тех, кто хочет научиться читать язык жестов, мимики, поз и пр., для тех, кто стремится узнать о своем собеседнике больше, чем тот о себе рассказывает, для тех, кто хочет расшифровать истинные мотивы поведения человека, определять секундное настроение собеседника. Если вы учитесь управлять своим телом, используя лишь те невербальные знаки, которые помогают создавать положительный образ, настраивать собеседника на позитив, тогда эта книга для вас. Для того чтобы сделать ваше тело союзником, а не предателем, вы должны хорошо изучить азбуку жестов, представлять, что означает каждый невербальный сигнал. Мы предлагаем вам эту книгу, чтобы в дальнейшем воспользоваться ценнейшим опытом, приобретенным после ее прочтения.

# Глава 1
## О чем говорят человеческие жесты?

### КАК РАСПОЗНАТЬ ЖЕСТЫ ИЗ КАТЕГОРИИ «Я ЗАДУМАЛСЯ»

Человек, находящийся в раздумье, отсутствует в реальной действительности, он не слышит и не видит то, что творится вокруг, поскольку находится в мире собственных мыслей и фантазий. Следует заметить: когда человек размышляет или фантазирует, не растрачивайте важные аргументы впустую, он их все равно не воспримет, не услышит.

Необходимо помнить, что у человека, находящегося в раздумье, наиболее активной является зона головного мозга, поэтому он пытается акцентировать на ней наше внимание, как бы предупреждая: «Не мешайте — я думаю». Для человека, который задумался, отвлекся от беседы, характерны следующие жесты: руки у лба в различных позициях, человек может потирать виски, почесывать затылок. У подобного рода жестов есть еще одно предназначение: человек таким образом пытается повысить эффективность работы головного мозга, настраивает свой «мыслительный аппарат» на решение трудной задачи. Отсюда всевозможные поглаживания и почесывания.

Кроме жестов, задумавшегося человека выдает поза. Вспомните «Мыслителя» Огюста Родена: он сидит, опираясь щекой на руку. Если для вашего собеседника характерна такая поза, скорее всего он отвлекся от вашего разговора и думает о чем-то своем. Для того чтобы убедиться в своих предположениях, обратите внимание на его взгляд. Для человека, который находится далеко-далеко — в своих мечтах и фантазиях, характерен так называемый «взгляд в никуда»: отсутствующий, не сфокусированный.

По позе размышляющего человека можно приблизительно определить, о чем он думает. Если человек опирается на правую руку или потирает правый висок, значит, в его размышлениях задействовано левое полушарие мозга (по закону перекрестного распределения зон влияния мозга), которое отвечает за логические, аналитические способности человека. Следовательно, в данный момент человек занят анализом, его занимают вопросы, требующие детальных вычислений. Взгляд человека в этом случае может быть сосредоточен, сфокусирован на одной точке. Если человек опирается на левую руку, значит, задействовано правое полушарие мозга, которое отвечает за чувственную сторону человеческой натуры. Человек скорее всего философствует, фантазирует, его размышления лишены четкости, конкретности и не требуют анализа. Взгляд не сфокусирован на одной точке, а, напротив, расплывчатый, направлен в никуда.

Если вы заметите подобные признаки у вашего собеседника, то возможно, что он вас не слушает, а погружен в собственные размышления. Чтобы удостовериться в том, что он воспринимает информацию, вы можете задать ему какой-либо вопрос. Если ответа не последует, знайте, что ваш собеседник находится в глубоком раздумье. Нужно либо подождать, пока он очнется от своих размышлений, либо воздействовать на него: что-то громко сказать или дотронуться до него.

● ● ● ● ● ● ● ● ● ● ● ● ● ● ● ● ● ● **Правило № 2**

## КАК РАСПОЗНАТЬ ЖЕСТЫ ИЗ КАТЕГОРИИ «МНЕ ИНТЕРЕСНО»

**Важно понять, интересны ли вы собеседнику. Нередко вербальные признаки**

**интереса являются мнимыми, и только с помощью невербального общения можно понять, насколько вы заинтересовали собеседника. Вербально собеседник может проявить интерес, задавая вопросы, уточняя детали, прося повторить. Но это, увы, не стопроцентный показатель интереса. Вопросы могут означать лишь нежелание вас обидеть, формальную вежливость, но не интерес.**

Заинтересованный человек, как правило, достаточно скуп на жесты. Человек может быть настолько сконцентрирован на собеседнике или интересной информации, что старается не шуметь, дабы не упустить нить разговора. Недаром в классе или аудитории, где школьникам или студентам интересно то, о чем говорит преподаватель, стоит идеальная тишина.

Но есть иные невербальные способы определения заинтересованности собеседника. Человек, испытывающий интерес к происходящему, всем своим существом стремится приблизиться к источнику информации. Можно заметить наклон корпуса в сторону говорящего: слушатель стремится быть ближе к нему.

Бывает, человек так увлекается происходящим, что просто перестает контролировать свое тело. Он может забыть закрыть рот или широко раскрыть глаза — это мимические признаки, которые говорят о том, что человек удивлен, изумлен, находится в максимально заинтересованном состоянии.

Если же вам не удалось обнаружить у вашего собеседника ни одного из перечисленных «симптомов» заинтересованности, следует срочно поменять тактику — изменить тему разговора, повысить эмоциональность излагаемого, иначе ваше сообщение будет несущественным для вашего собеседника и не принесет нужных вам результатов.

●●●●●●●●●●●●●●●●●●●●●● **Правило № 3**

## КАК РАСПОЗНАТЬ ЖЕСТЫ ИЗ КАТЕГОРИИ «Я ВАС УВАЖАЮ»

**Уважение — один из тех аспектов человеческих взаимоотношений, которого нужно добиваться всю жизнь. Бывает непросто определить, истинно ли уважение человека или ложно. Подают ли вам руку с желанием поприветствовать или в силу сложившейся традиции?**

Жестов, обозначающих уважительное отношение, не так уж и много. Для того чтобы определить, как к вам относятся, обратите внимание на то, как человек с вами здоровается. Рукопожатие — очень древняя традиция, которая раньше имела не только ритуальный смысл — поприветствовать вновь пришедшего, но и означала, что люди пришли на встречу друг к другу без дурных намерений, без оружия. Сейчас этот ритуал оброс иными значениями. Человек, относящийся к вам с уважением, подает руку первым или одновременно с вами. Он не пытается сразу же убрать руку: уважительное рукопожатие должно быть длительным. Рука должна быть вытянутой, ни в коем случае не согнутой в локте. Таким образом, человек не должен доставлять вам неудобства, не должен заставлять вас тянуться. Скорее наоборот, он пытается создать максимально комфортные для вас условия.

Жестом уважения можно считать следующий: мужчина подает женщине руку на выходе из общественного транспорта. Он тоже может носить формальный характер, всего лишь означать, что человек знаком с правилами хорошего тона. Если это жест истинного уважения, тогда подающий руку человек должен смотреть на вас и пытаться поймать вашу руку.

Наклон головы — жест уважения. Обратите внимание на то, как человек наклоняет голову. Уважительный поклон может сопровождаться опусканием век (пошло от древней традиции приветствовать царских особ — они настолько величественны и могущественны, что люди даже не решались на них посмотреть, поэтому опускали веки).

В некоторых западных странах объятия — это невербальный способ продемонстрировать свое расположение и уважение к человеку, даже если между этими людьми нет близких отношений. Объятия допускаются уже после первой встречи, если люди нашли друг в друге родственные души. Это, по сути, сокращение дистанции между людьми до минимума. Иными словами, вы впускаете чужого человека в личную зону и вторгаетесь в его личное пространство. Происходит непосредственный контакт, который означает: «Я понял тебя, я принял тебя, я отношусь к тебе с уважением». В нашей стране, как правило, объятия приемлемы только между близкими друзьями и родственниками.

## ●●●●●●●●●●●●●●●●● Правило № 4

### КАК РАСПОЗНАТЬ ЖЕСТЫ ИЗ КАТЕГОРИИ «Я СОМНЕВАЮСЬ»

**Какие жесты, позы и мимические признаки говорят о том, что человек сомневается в принятии решения? Как определить, что он не готов дать объективную оценку происходящим событиям? Вы можете легко**

вычислить, настроен ли ваш собеседник на то, чтобы согласиться с вами, принять вашу точку зрения.

Состояние сомнения — двоякое состояние. У него есть свои плюсы и минусы. Человек, с одной стороны, еще не отказывает вам, не принял окончательно отрицательного решения, он не говорит вам «нет» безапелляционно. С другой стороны, ваша аргументация не достаточно убедительна, человек еще не согласился с вашими доводами.

Для человека, который не принял решения, характерны жесты и позы раздумья, которые обозначают, что он еще анализирует ситуацию и полон внимания. Он может выражать недоверие. Если человек сомневается в приводимых вами аргументах, он пытается не смотреть вам в глаза. Его взгляд может блуждать по комнате, он может смотреть в окно, пытаться абстрагироваться от ваших доводов и самостоятельно обдумывать плюсы и минусы вашего предложения. Еще более опасное направление взгляда — в сторону выхода. Это означает, что он склоняется к отрицательному ответу и намерен в ближайшее время уйти.

Для сомневающегося человека характерны жесты перебирания, перетирания, почесывания — повторяющиеся, монотонные. Эти жесты имеют следующие значения: во-первых, они связаны с мыслительной деятельностью (человек обдумывает ваши аргументы), во-вторых, они имеют цель отвлечь ваше внимание, сбить вас с толку. Человек в состоянии сомнения не концентрируется на вас и ваших аргументах, в его движениях и жестах присутствует некоторая нервозность и суетливость.

Вот несколько примеров таких жестов: потирание или почесывание глаза, уголков рта, они означают, что человек заподозрил вас во лжи, а в ваших аргументах — подвох.

Еще один жест, ярко свидетельствующий о том, что человек находится в состоянии сомнения — это пожимание плечами. Зачастую это — неосознанный жест. К примеру, человек может соглашаться с вами или не соглашаться, но при этом он совершенно ненамеренно пожимает плечами — это невербальный сигнал, который обозначает его неуверенность в принятом решении. Такая дисгармония в словесном и невербальном поведении говорит о том, что вы можете изменить ситуацию. Даже если ваш собеседник принял решение, которое вам невыгодно, вы можете его переубедить. Если же он согласился с вашими доводами, но выражает неуверенность — пожимает плечами, это свидетельствует о том, что вы должны закрепить его уверенность в принятом решении. Иначе, поговорив с другими людьми, он изменит свое мнение.

●●●●●●●●●●●●●●●●●●●● **Правило № 5**

## КАК РАСПОЗНАТЬ ЖЕСТЫ ИЗ КАТЕГОРИИ «Я НАСТОРОЖЕ»

**Если человек чувствует угрозу с вашей стороны, опасается, что вы можете напасть на него, сделать что-то не очень для него приятное, он тут же начинает осуществлять невербальную оборону. Ситуация угрозы может совершенно не отразиться на его словах, но вести себе он начинает иначе. Вам стоит лишь присмотреться к нему, и тогда вы поймете, что он вас опасается.**

Человек начинает использовать особые жесты, которые обозначают следующее: «Стоп. Остановитесь. Я чувствую, что здесь есть подвох». Если человек скрестил руки на груди, при этом направил кончики пальцев в разные стороны, обратил вытянутую руку и ладонь к вам, то это сигнализирует о том, что вы должны остановиться. У вытянутой руки есть еще иные значения: прежде всего этот сигнал не даст вам приблизиться, вторгнуться в его личное пространство, человек неосознанно ставит между вами барьер, кроме того, пытается таким образом закрыть вам рот, чувствует в ваших словах скрытую угрозу.

Для настороженного человека характерен особенный взгляд: он смотрит на вас в упор, следит за каждым вашим жестом, движением с единственной целью — не пропустить тот момент, когда у вас в руках появится «нож». Этот «нож» может иметь символическое значение: вы можете нанести удар словесно, уколоть злой шуткой или сообщить неприятную новость. Именно этого момента ждет от вас ваш собеседник. Если в разговоре участвуют несколько человек, то бдительный собеседник очень быстро переводит взгляд с одного на другого.

Человек, ощущающий угрозу с вашей стороны, может заранее готовить пути к отступлению — он всегда замечает, где находится дверь, чтобы, в случае если его предположения подтвердятся и вы создадите угрозу для него, он смог быстро найти выход.

Как можно нейтрализовать подобные сигналы? Для того чтобы у человека пропало ощущение угрозы, вам необходимо его успокоить, наладить с ним контакт. Во-первых, постарайтесь приблизиться к нему на максимально близкое расстояние, несмотря на его желание отстраниться. Используйте тактильное воздействие — прикоснитесь к нему, погладьте, можете взять его за руку в области предплечья. Эти движения не должны быть резкими, грубыми, иначе он расценит их как начало атаки с вашей стороны. Старайтесь говорить медленно и достаточно громко,

**17**

чтобы человек мог вас расслышать, иначе он подумает, что вы хотите что-то скрыть от него. Если вы сидите за столом, друг напротив друга, то вам следует пересесть к нему. Если вам удастся избежать ситуации противостояния и снять ощущение напора, то ваш собеседник сможет расслабиться, и ваш диалог будет более конструктивным.

●●●●●●●●●●●●●●●●●●●●● **Правило № 6**

## КАК РАСПОЗНАТЬ ЖЕСТЫ ИЗ КАТЕГОРИИ «Я НАСТРОЕН НА КОМПРОМИСС»

Поиск компромисса — нелегкая задача в любой ситуации, будь то семейный спор, деловой разговор или научная дискуссия. В таких ситуациях важно увидеть, что ваш оппонент настроен на компромисс. Человек может говорить, что он не отступится от своих слов, но невербальные сигналы могут свидетельствовать об обратном — человек готов пойти на уступки.

Если вы заметите несоответствие между словами человека и его жестами, то это признак того, что вы сможете добиться от него нужного вам решения. Очень важно увидеть этот диссонанс между словом и телом и истолковать его правильно. Если ваш оппонент говорит, что совершенно не согласен с вами, считает ваши слова абсурдными, но сам в этот момент кивает головой вверх-вниз, это говорит о том, что он готов принять вашу точку зрения и лишь набивает себе цену, старясь добиться более выгодных условий для себя. Если вы заметите подобный жест, то можете не церемониться с ним, настаивайте на своих условиях, будьте уверены в том, что рано или поздно ваш собеседник их примет.

Отсутствие жестов — это тоже жест. Если мы не находим у человека каких-либо отрицательных жестов, к примеру, скрещенных рук и ног, он вполне комфортно чувствует себя, общаясь с вами на близком расстоянии, с легкостью впускает вас в свое личное пространство, это говорит о том, что человек принимает вашу точку зрения. Скорее всего вы уже сделали достаточно, чтобы склонить его на свою сторону. В ближайшее время он с вами согласится.

Для человека, который уже принял решение, характерно некое мимическое и жестикуляционное спокойствие. Нет никаких отвлекающих движений, жестов, лицо выражает умиротворенность и гармонию. Даже если он настаивает на своем, сопротивляется вашим уговорам, скорее всего это лишь формальность.

В дискуссии, в споре человек, который настроен на компромисс, ведет себя несколько вальяжно, он понимает: спор спором, но он уже для себя все решил. Он может очень убедительно защищать свою точку зрения и быть внутренне спокойным, но он понимает, что все равно нужно будет прийти к какому-либо решению, устраивающему обе стороны.

Для того чтобы определить, к чему склоняется ваш собеседник, обратите внимание на используемые жесты перечисления, которые, как правило, не несут особой смысловой нагрузки, но иногда могут кое-что прояснить. Если человек направляет аргументы в вашу сторону, это означает, что он склоняется к вашей позиции. Если же перечисление направлено в противоположную сторону (он как бы собирает все вокруг, сгребает все, что плохо лежит), это говорит о том, что человек ищет выгоды, у него есть желание получить максимальную пользу от переговоров.

● ● ● ● ● ● ● ● ● ● ● ● ● ● ● ● ● ● **Правило № 7**

## КАК РАСПОЗНАТЬ ЖЕСТЫ ИЗ КАТЕГОРИИ «Я СКЛОНЕН К ДОВЕРИТЕЛЬНЫМ ОТНОШЕНИЯМ»

Человек не всегда настроен на доверительные отношения. Как правило, он не стремится впускать в свой ближний круг тех людей, которые вызывают у него сомне-

**ние или неприязнь. По невербальным сигналам можно легко понять, проникся ли человек к вам доверием.**

Считается, что если человек достаточно активно вступает с вами в контакт, то это значит, что вы вошли к нему в доверие и он будет с вами сотрудничать. Но словоохотливость вашего собеседника не всегда означает, что вы завоевали его симпатию. Коммуникабельные люди легко общаются с любым человеком, даже если тот им несимпатичен. Иногда только по невербальным сигналам можно определить истинное отношение к вам.

Жесты человека, который склонен к доверительным отношениям, направлены в сторону собеседника. Любой невербальный сигнал, будь то перечисляющий жест, его поза, развернутые в вашу сторону носки его ботинок, он направит в вашу сторону. Все это признаки того, что вы наладили с ним контакт, который может принести в дальнейшем свои плоды.

Необходимо обратить внимание на дистанцию между вами. Если ваш собеседник соблюдает дистанцию до 70 см, это означает, что он знает нормы этикета и не пытается вторгнуться в ваше личное пространство. С другой стороны, если он не впускает вас в свое пространство, вы не достаточно ему симпатичны. Если дистанция сократилась до 50 см или менее, вы можете похвалить себя за то, что вы столь обаятельны и привлекательны и нашли подход к человеку.

Если уже при первой встрече человек легко может до вас дотронуться, похлопать вас по плечу, поправить ваш галстук или шарф, можете смело ставить себе 5 баллов за свое обаяние и шарм.

Мимика человека, который проникся к вам доверием, очень благодушна. Человек, настроенный доверительно, будет часто вам улыбаться, более того, открыто смеяться, не сдерживая свои эмоции, так как вы ему нравитесь и ему нечего смущаться в вашей компании.

Человек, который проникся к вам доверием, может копировать ваши жесты. Часто это происходит неосознанно и делается не для того, чтобы вам понравиться, а просто потому, что хочется быть чуть похожим на вас. Можете даже поставить некий эксперимент: используйте в общении с новым человеком какой-либо постоянный жест, например, пощелкивание пальцем. Если к концу разговора ваш собеседник перенял вашу привычку, значит, вы очень успешно справились с задачей понравиться, сумели произвести на человека хорошее впечатление.

● ● ● ● ● ● ● ● ● ● ● ● ● ● ● ● ● ● ● **Правило № 8**

## КАК РАСПОЗНАТЬ ЖЕСТЫ ИЗ КАТЕГОРИИ «Я ЗАЩИЩАЮСЬ»

**Жесты защиты достаточно красноречиво свидетельствуют о том, что человек подсознательно или сознательно чувствует страх перед вами либо ощущает вину. Он находится в ситуации, когда ему нужно защититься от ваших нападок, все невербальные сигналы будут говорить о том, что он хочет заблокировать ваши попытки воздействовать на него.**

Один из самых распространенных и ярких способов защиты — скрещенные на груди руки. Этот сигнал может свидетельствовать о том, что человек не хочет идти на контакт, что ему неловко, что он хочет защититься от вас. К этой категории относится жест ноги крест-накрест — человек как бы теряет ощущение опоры под ногами. Характерная поза защиты — прямое тело, корпус несколько наклонен вперед, голова опущена, лоб направлен на собеседника, глаза опущены. Человек пытается принять удар лбом, защититься от ваших слов. Такая поза помогает отразить негатив.

Находясь в ситуации потенциального нападения, человек пытается закрыть самую больную область. Мужчины используют позу «футболист в стенке» — закрывают паховую область, тем самым защищаются от возможных нападок. Чувствительные люди, которые все воспринимают близко к сердцу, стараются прикрыть грудную клетку в области сердца, либо скрестив руки на груди, либо закрыв сердце ладонью левой руки.

У людей с разным типом восприятия могут разниться способы защиты — визуалы надевают очки, закрывают глаза рукой, делают вид, что солнце слепит им глаза, аудиалы могут натянуть шапку на уши, расправить длинные волосы, если ни того, ни другого нет, они производят некие манипуляции с ушами, закрывая их. Кинестетики, воспринимающие мир по ощущениям, стараются сохранять дистанцию, чтобы не прикоснуться к собеседнику, часто прячут руки в карманы, тем самым показывают, что они не хотят воспринимать информацию, которую вы даете. Люди, которые воспринимают мир по запахам, могут проделывать манипуляции с носом, используя носовой платок, у них может внезапно появиться насморк — непроизвольная защитная реакция.

Человек обороняется от ваших нападок, создавая видимые и невидимые преграды между вами. Это может выражаться в виде построения стены, преграды. Если вы сидите за столом и видите, что ваш собеседник начинает выстраивать нечто вроде кучи-малы из предметов, лежащих рядом (ручки, блокноты), это означает нечто похожее на «Великую Китайскую стену», нагроможденную в ваших отношениях. Иными словами, ваш собеседник строит некое сооружение, которое послужит ему защитой от вас. В роли стены может выступать и другой человек. Защищаясь, ваш собеседник может намеренно ввести третье лицо в вашу беседу. Посторонний является в некотором смысле стеной, так как защищающийся человек надеется, что вы не станете нападать на него в присутствии третьего лица.

●●●●●●●●●●●●●●●●●●●● **Правило № 9**

## КАК РАСПОЗНАТЬ ЖЕСТЫ ИЗ КАТЕГОРИИ «МНЕ НЕЛОВКО»

Когда человек ощущает неловкость, стыд за себя, свои действия, ему хочется только одного — чтобы его не замечали, не трогали, а лучше всего — провалиться сквозь землю. Чувство неловкости очень легко вычислить по целому набору невербальных средств, с помощью которых ваш собеседник может попытаться его замаскировать.

Как только человек почувствовал, что ему стыдно, он тут же попытается отвлечь ваше внимание от своей персоны, чтобы вы не заметили явных признаков стыда, к примеру, покраснения лица или учащения пульса. Он хочет выиграть время, чтобы прийти в норму, скрыть непроизвольные, неконтролируемые реакции своего организма. Ваш собеседник может внезапно схватить какой-то предмет, резко встать, поменять положение, допустим, попытаться накинуть пиджак, который до этого преспокойно висел на стуле. В момент ощущения стыда человек прерывает зрительный контакт, опускает вниз глаза, его взгляд застывает на каком-либо предмете. Его жесты, движения становятся суетливыми.

Вспомним эпизод из рассказа Чехова «Хамелеон». Как только полицейский надзиратель Очумелов допускал очередной промах и ему становилось стыдно за свои слова, он тут же старался отвлечь внимание окружающих, сбить их с толку, снимая с себя и вновь надевая на себя пальто.

Если у человека врожденное чувство стыда или же он провинился очень сильно и уверен, что его не простят, у него возникает потребность одеться как можно незаметнее. На самом деле это достаточно грубая ошибка использования невербальных сигналов. Если вы будет выглядеть незаметным, то это вовсе не означает, что вас не заметят. Напротив, вас заметят, но проигнорируют, посчитают ненужным разговаривать с вами, и вы останетесь со своим чувством стыда, которое может перерасти в паранойю. Вспомним эпизод из романа «Унесенные ветром»: Скарлет, соблазнив мужа своей подруги, сначала вообще не хотела идти к ней на именины, но Рет Батлер заставил ее это сделать. Причем попросил надеть самое яркое платье — пурпурно-красного цвета. Он полагал, что именно так Скарлет сумеет прочувствовать всю горечь своей вины. Но на самом деле это платье ее спасло: оно уничтожило ее страх перед обществом Мелани и Эшли. Яркая одежда помогает в самореализации, мы понимаем, что нас невозможно не заметить, настолько мы ярки: как человек выглядит, так он себя и ощущает. Выходить из неловких ситуаций в ярких нарядах намного проще, чем одетым совершенно неброско.

Чувство неловкости удваивается, как только человек понимает, что его неловкость заметили окружающие. Поэтому вдвойне сконфуженными выглядят люди, чью неловкость выдает, к примеру, покраснение лица. Они понимают, что им не удастся скрыть свой конфуз, и теряются еще больше. Да, конечно, очень сложно скрыть непроизвольную реакцию, но, зная о своем природном свойстве быстро наливаться краской, можно всегда выкрутиться. Многие в такие моменты отчаянно жалеют, что они живут не в волшебном мире, и что у них нет шапки-невидимки. Самый удачный способ, по мнению психологов, признаться в том, что вам неловко: «Ой, мне так стыдно, что я опоздала», «Я, конечно, дико извиняюсь, но сегодня у меня нет с собой наличных, вы не могли бы заплатить за меня в кафетерии?» Как только вы признаетесь в этом, вашу неловкость как рукой снимет. Стоит вам выразить свое состояние вербально, внутреннее напряжение и конфуз тут же проходят.

●●●●●●●●●●●●●●●● **Правило № 10**

## КАК РАСПОЗНАТЬ ЖЕСТЫ ИЗ КАТЕГОРИИ «Я ВАМ НЕ ВЕРЮ»

**Жесты скепсиса, недоверия, неверия в вашу искренность очень легко можно вычислить: почти всегда это жесты негатива, защиты. Даже если человек соглашается с вами вербально, но его поза, мимика, жесты говорят об обратном, верьте невербалике — она вам раскроет истинные мысли человека.**

Самыми распространенными жестами, обозначающими недоверие, являются жесты защиты — это скрещенные руки, ноги. Человек говорит, что он не желает воспринимать информацию, которая поступает от вас. Человек может манипулировать ушами — в символическом смысле снимает лапшу, которую вы ему вешаете.

Он может использовать запрещающие и предупредительные жесты, как бы дает понять: «Я понял, что ты мне врешь, я тебе не верю». Ваш собеседник может намекать вам на свою осведомленность, прикладывая руки ко рту, как бы говоря: «Держи рот на замке». Этот жест имеет разновидности: человек может почесывать губы, рот, уши. Еще один жест недоверия — отрицательное покачивание головой: даже если он соглашается с вами, поддерживает вашу точку зрения на вербальном уровне, у него на уме что-то другое.

Мимика тоже выдает скепсис вашего собеседника. На лице написано недоверие, человек прячет глаза. Он может улыбаться скептически или попросту ухмыляться: один уголок рта поднят вверх, второй — опущен. Такая улыбка свидетельствует о том, что вам не верят. То, что вы ему говорите, кажется ему смешным.

Тот факт, что ваш обман раскрыт, даже если вас не собираются разоблачать, наделяет человека чувством превосходства над вами. Невербально это может выражаться в особом снисходительном отношении и нежелании вторгаться в ваше личное пространство — человека «низшей касты», способного на ложь.

У некоторых людей развито чувство восприятия мира по запахам, такие люди очень чувствительны ко лжи. Они могут дать понять, что раскусили обман, раздувая ноздри: «Я чую: что-то здесь нечисто».

Как только вы получили подобные невербальные сигналы и правильно их интерпретировали, вам нужно изменить свою тактику: либо начать говорить правду, либо изменить аргументацию, используя более сильные и убедительные аргументы. Возможно, после этого ваша позиция будет восприниматься как истина.

● ● ● ● ● ● ● ● ● ● ● ● ● ● ● ● ● **Правило № 11**

### КАК РАСПОЗНАТЬ ЖЕСТЫ ИЗ КАТЕГОРИИ «МНЕ СТРАШНО»

Человек в ситуации страха, будь то предстоящий прыжок с парашютом или публичное выступление, старается всячески свой страх завуалировать. Он начинает храбриться, говорить о своем бесстрашии, поэтому бывает сложно вычислить испуг по вербальным знакам. Вы сможете определить истинное состояние, только если сумеете грамотно расшифровать невербальные сигналы, которые он вам посылает.

Когда нам страшно — нам, как правило, стыдно за свой страх. Если человек испытывает страх, он пытается вести себя осторожнее, но и в то же время пытается скрыть свои переживания. Именно поэтому для людей, испытывающих страх, существует стандартная невербальная схема, которая работает почти во всех случаях без исключения. Люди, испытывающие страх, пытаются не выдать себя, заглушить свой страх, взбодриться, для этого они используют невербальные сигналы.

Невербальные знаки страха — особая категория. Они объединяются тем, что человек в ситуации страха не способен контролировать свое тело, не властен над ним. Он может совершенно беспричинно вздрогнуть, услышав громкий голос, или подпрыгнуть, если вы тихо подойдете и одернете его сзади — это говорит о том, что человек напряжен и, возможно, чего-то боится.

Человек всячески стремится подавить в себе чувство страха. К примеру, вы на экзамене, а один из студентов вдруг без необходимости начинает громко разговаривать, это означает то, что он испытывает сильный страх, пытается взять себя в руки и уменьшить собственную боязнь.

Человек в ситуации испуга может внезапно начать смеяться. Вспомним эпизод из романа «Преступление и наказание» Ф.М. Достоевского. Раскольников, впервые встречаясь со следователем Порфирием Петровичем, пытается спровоцировать комический эффект, ворвавшись в кабинет, весело смеясь, надеясь убедить следователя, что он идет на встречу без всякого страха. Но Порфирий Петрович, будучи опытным психологом, прекрасно понимает, что его подозреваемый лишь маскирует свое состояние с помощью показного безразличия и бесстрашия.

Человек, испытывая страх, может начать насвистывать, напевать мелодию или петь в голос. Это тоже своеобразная попытка снять напряжение. Когда человек только начинал осваивать космос, каждый летчик понимал, что его полет — это своеобразная игра со смертью. Перед полетом, когда каждый шаг космонавта снимали на камеру, чтобы потом показать людям — «Смотрите, какие советские космонавты бесстрашные», — те, кому предстоял полет, чтобы снять напряжение, уменьшить свой страх, пели. Только близкие люди понимали, насколько тяжело им дается выполнение этого здания. Они казались смелыми и бесстрашными, но по невербальным сигналам, по тому, как подрагивали их губы, как тускло блестели их глаза, близкие догадывались об их истинном состоянии.

●●●●●●●●●●●●●●●●●●● **Правило № 12**

## КАК РАСПОЗНАТЬ ЖЕСТЫ ИЗ КАТЕГОРИИ «Я НЕРВНИЧАЮ»

По жестам, мимике, позе человека можно легко понять, что он нервничает. Даже если ему удается контролировать свою речь, он пытается взять себя в руки и говорит относительно спокойно, но невербальные сигналы могут говорить о том, что его состояние из ряда вон.

Жесты, характерные для человека, который сильно нервничает, как правило, следующие: перебирание посторонних предметов, всевозможные почесывания, поглаживания. Причем очень часто человек меняет один жест на другой, пытаясь скрыть свою нервозность. Но именно такая быстрая смена невербальных сигналов, многообразие жестов и выдает состояние нервозности.

Если вы заметили, что ваш собеседник постоянно чешет руки, лицо, это может означать, что он сильно нервничает. Зуд всего тела — это физиологическая непроизвольная реакция организма. Когда мы нервничаем, мы ощущаем легкий дискомфорт, который может выражаться в зуде, в ознобе либо, напротив, в ощущении духоты. У человека, который находится в ситуации стресса, может появиться желание раздеться или одеться, несмотря на то, что погода не меняется. Такие невербальные сигналы вы не должны пропускать, в данном случае необходимо понять, почему человек нервничает в вашем присутствии.

Человек в состоянии нервозности не может концентрировать взгляд на одном предмете долгое время, он постоянно оглядывается по сторонам, оценивая ситуацию, осматривается вокруг, разглядывает окружающих, его взгляд блуждает по пространству, не может найти себе приют. И уж тем более вы вряд ли сможете поймать его взгляд. Если он на вас и взглянет, то очень ненадолго.

Человек в ситуации, например, экзамена или предстоящего важного, но не очень приятного разговора становится немного неадекватным, не контролирует себя. Если у него есть вредные привычки, то в состоянии стресса человек начинает прибегать к ним, чтобы снять стресс. К примеру, если он курит, может даже начать курить одну сигарету за другой. Он может грызть ногти или накручивать волосы на палец — делать все, чтобы успокоиться. Обкусанные ногти — признак того, что человек постоянно нервничает и не может себя контролировать.

Еще один яркий сигнал нервозности — нервный тик — непроизвольная реакция тела. От сильного внутреннего напряжения мышцы у человека сначала напрягаются, а затем начинают сокращаться. Если вы заметите, что у вашего собеседника дергается веко, это означает, что он находится на грани срыва. Лучше не вступать с ним в спор. Еще одна непроизвольная реакция нашего тела — пот. Если человек обладает повышенной потливостью, то в ситуации стресса, страха, а также лжи он будет похож на бегуна, пробежавшего кросс два километра, — весь покрыт капельками пота. Существует также синдром «мокрой» ладошки: при встрече с вашим собеседником вы поймете, что он нервничает, если, поздоровавшись с ним за руку, ощутите, что его рука мокрая.

Мимика выдает нервничающего человека: его лицо почти всегда искажено некой гримасой, а в состоянии стресса характерна смена мимических выражений. К примеру, если экзаменатор настроен положительно и улыбается в ответ на слова своего студента, то и сам отвечающий расплывается в улыбке, но это нервозная улыбка, которая связана с желанием понравиться. Если экзаменатор вообще не сморит на студента, то лицо студента может менять свой цвет: от бледного до красного — это испуг и страх за провал одновременно.

Если вы оказались в ситуации стресса, можете не выдать себя, восстановив свое нормальное состояние. Как можно себя контролировать? Начните прежде всего контролировать речь, постарайтесь не выбиваться из среднего темпа, в этом случае вам удастся вернуть себе самообладание. Если ситуация из ряда вон выходящая и вам сложно не выдать своего состояния, то постарайтесь как можно быстрее прийти в себя — к примеру, вам могут помочь поглаживания по руке, вы можете попросить тайм-аут для того, чтобы успокоиться.

**Правило № 13**

## КАК РАСПОЗНАТЬ ЖЕСТЫ ИЗ КАТЕГОРИИ «Я СЧАСТЛИВ»

В данной главе речь пойдет не только о наивысшем состоянии удовольствия — о счастье, но и о позитивном настроении в целом, о тех ситуациях, когда человек испытывает удовольствие, когда рад окружающему миру, настроен положительно. Как по невербальным сигналам определить его положительный настрой?

В состояние эйфории человек может прийти после того, как, к примеру, получил то, чего так долго добивался. Так, человек ощущает счастье, если узнает о взаимности того, в кого влюблен, если поступает в университет, о котором мечтал, получает похвалу от уважаемого человека. Очень часто человек в таком состоянии становится беспомощным и уязвимым, потому что он открыт. Состояние счастья — это состояние человека, когда он воспринимает окружающий мир таким, какой он есть. Зачастую в таких ситуациях человек вообще не контролирует свое тело.

Жесты, которые он использует, всегда открытые. Он готов идти на контакт, ищет общения с людьми. Человек не может в одиночестве нести ношу собственного счастья. Ему настолько тяжело в одиночестве, что он может почувствовать тошноту, головокружение. Человек настолько счастлив, что готов поделиться своим счастьем с окружающими, именно поэтому ему просто необходимо общество, и поэтому же он пользуется открытыми жестами для привлечения внимания других людей. Самые распространенные из них — ладони, обращенные в сторону собеседника, демонстрация собственных запястий.

По мимике очень легко определить, что человек настроен положительно. В толпе людей такого человека легко вычислить по широкой улыбке «без причины» — он как бы вспоминает о чем-то: счастье распирает, он не может скрыть эту радость.

Совершенно точно можно догадаться, что человек счастлив, по особому, излучающему сияние, взгляду. Человек словно пытается охватить этим взглядом весь мир, всех людей, сказать без слов: «Посмотрите на меня. Я счастлив. Найдется ли среди вас человек, который более счастлив, чем я». Счастливый человек всегда смотрит в глаза, готов поделиться своим счастьем, уверен в себе.

Очень часто человек, настроенный на позитив, нарушает личное пространство своего собеседника. Он использует личные, интимные, способы приветствия — объятия, поцелуй. Ему приятен непосредственный контакт с другими людьми, ему приятно прикасаться к другим, хочется, чтобы люди вторгались в его личное пространство. Человек, ощущающий полную гармонию с миром, пытается быть заметным. Он подбирает одежду ярких цветов. Иногда у счастливого человека появляется желание поменяться — примерить то, чего раньше не было и чего в обычном состоянии он не отваживался надеть: новые модные аксессуары, кольца, серьги, яркие туфли.

●●●●●●●●●●●●●●●● **Правило № 14**

## КАК РАСПОЗНАТЬ ЖЕСТЫ ИЗ КАТЕГОРИИ «Я УВЕРЕН В СВОЕЙ ПРАВОТЕ»

**Уверенность в себе — это не только то, о чем человек говорит, но и то, как он это говорит. Какие интонации использует, какие жесты применяет, как стоит, как ходит, куда смотрит — все это может подсказать, что перед вами человек, уверенный в своей правоте и силе. Вы без труда вычислите уверенность, если обратитесь за помощью к невербальной символике.**

Для уверенного в себе человека характерны яркие, непосредственные жесты. Вы заметили, что ваш собеседник часто держит руки в области груди, но не скрещивает их — это свидетельство его уверенности, ощущения своего превосходства. Признаком такой уверенности может служить жест сложенных «домиком» рук. У такого человека вы никогда не заметите нервозности в жестах. Если человек, уверенный в себе, использует перечисляющий жест, то он, как правило, обращен к публике, собеседнику. Несмотря на то что он создает видимость энергетической отдачи, на самом деле он забирает вашу энергию, если вы являетесь более слабым человеком. А уж если вы не слишком уверены в себе, то можете пострадать от общения с такими людьми, они могут вас попросту испугать своей уверенностью. Поэтому важно вычислить такого человека и уметь ему противостоять.

Характерный жест самоуверенности — закладывание рук за голову. Некоторые люди считают его неприличным. Он не только позволяет полностью открыть область груди за счет максимального разведения рук, но и обнажает область подмышек, которая считается достаточно интимной. Лучше не использовать такой жест. Данный тип уверенности сродни заносчивости.

Человек, уверенный в себе, говорит по-особому, максимально используя возможности своего голоса. Голос — это его главное орудие. Человек в состоянии контролировать голос, повышать, когда это необходимо, понижать для достижения своих целей. Но, как правило, его голос ровный, четкий, между словами небольшие паузы, темп неизменен. Слова, как барабанная дробь: «Я все равно сильнее». Человек, менее уверенный в себе, обязательно начнет сомневаться в своей победе, даже если он был в ней так уверен.

Уверенный человек всегда опрятно одевается, но он очень редко позволяет себе излишества. Вычурности — рюши, банты и ленточки — в их гардеробе скорее исключение. Они строги в своей одежде. Однако способны эпатировать: к примеру, открывать какие-то интимные зоны для того, чтобы воздействовать на собеседника.

Для таких людей характерен сверлящий взгляд, они могут держать вас в поле зрения, не опуская глаз достаточно долго. Такая игра в «гляделки» необходима для того, чтобы выяснить, кто из вас сильнее. Если они хотят добиться от вас чего-то, то словно стараются вас загипнотизировать: никогда не опустят глаза, пока не добьются своего. Как только вы заметите, что ваш собеседник пытается воздействовать на вас подобным образом (проникнуть к вам в душу), вы должны противодействовать его влиянию, поставить некий барьер. Вы можете ненадолго покинуть собеседника или надеть темные очки.

●●●●●●●●●●●●●●●●● **Правило № 15**

## КАК РАСПОЗНАТЬ ЖЕСТЫ ИЗ КАТЕГОРИИ «Я УГНЕТЕН»

**Вычислить человека в угнетенном состоянии можно, если обратить внимание на то, какими невербальными средствами он пользуется. Состояние угнетенности, несчастья можно определить по использованию негативных и закрытых жестов, нежеланию вступать в контакт с окружающими.**

Человек, который угнетен, старается отгородить себя от всего мира, защититься от окружающих, использует для этого жесты защиты: может скрестить руки на груди, закрыть руками лицо, либо его голова опущена и опирается на руку. У человека отсутствует желание идти на контакт, он всем своим видом говорит: «Сейчас лучше меня не трогать. У меня сейчас такое плохое настроение, что если вы начнете о чемто спрашивать, то я могу сорваться и поделиться с вами своим негативом». Всегда настороженно относитесь к людям со скрещенными руками или ногами.

Угнетенный человек использует минимум жестов, так как он испытывает дефицит энер-

гии, а на жестикуляцию требуются большие
энергетические затраты. Голова от обилия негативных эмоций становится очень тяжелой, поэтому человек стремится всячески ее поддер-
живать: она может покоиться на ладонях, может быть просто наклонена набок или опущена
вниз.

Взгляд человека с проблемами, как правило,
отсутствующий. Его не интересуете ни вы, ни
ваши дела. Он стремится принять наиболее ком-
фортное положение тела. Дело в том, что человек, который душевно страдает, понимает, что в
данный момент он не может достичь душевной
гармонии. Но для того чтобы повысить свой тонус,
сделать себе приятное, он стремится к внешнему комфорту. К примеру, если вы застали его
спящим в позе зародыша (свернувшегося кала-
чиком), это говорит о высокой степени его пере-
живаний. Такая максимально комфортная для
человека поза напоминает о самом безмятежном
и счастливом времени его жизни — когда он на-
ходился в утробе матери. Если человек сидит
или стоит, он стремится найти опору, облоко-
титься на что-то, откинуться на спинку стула,
чтобы принять устойчивое положение. Создается впечатление, что все его проблемы оказыва-
ют на него реальное давление, что он сгибается
под тяжестью собственного тела, его давит к зем-
ле, его плечи опущены.

Мимика угнетенного человека весьма красноречиво свидетельствует о его состоянии: уголки рта опущены вниз, веки полуопущены, ему тяжело двигаться, даже разговаривает он крайне неохотно.

● ● ● ● ● ● ● ● ● ● ● ● ● ● ● ● ● ● **Правило № 16**

## КАК РАСПОЗНАТЬ ЖЕСТЫ ИЗ КАТЕГОРИИ «МНЕ СКУЧНО»

**Важно вовремя распознать, что вы наскучили своему собеседнику, для того чтобы прервать беседу или повернуть ее в другое русло. Если вы обратите внимание на то, как вас слушают, какое при этом выражение лица у вашего спутника, какие жесты он использует, как сидит, то вы точно определите, доставляет ему удовольствие общение с вами или нет.**

Скучающий, бесстрастный взгляд, апатичная поза, вытянутое лицо, опустившаяся челюсть, чуть опущенные веки — все это признаки скуки. Вы заметили, что ваш собеседник зевает? Значит, вы не очень хорошо его развлекаете. Такой жест может быть замаскирован или сдержан. Человек прикрывает рукой рот — это свидетельство того, что у него кончается терпение и слушать вас больше невмоготу.

Человек, которому скучно, может попытаться себя развлечь, чтобы не уснуть. Допустим, хватает предметы, которые лежат рядом, но совершенно ему без надобности. Тем не менее эти предметы являются единственным развлечением: он может их перебирать, крутить, подбрасывать или производить другие манипуляции. Также ваш спутник может перелистывать какую-либо книгу или журнал без желания что-то найти там. Он может рисовать что-то на листе бумаге. Если ваш слушатель записывает за вами, причем делает это крайне подробно, включая вводные слова, при этом совсем не поднимает головы, это тоже сигнал: он даже не пытается вдуматься в то, о чем идет речь, делает запись для того, чтобы хоть чем-то себя занять.

Ваш собеседник может попытаться проявить вербальную активность — задавать вопросы, поддакивать, но это не всегда абсолютный показатель его заинтересованности. Вы поймете, что тема разговора ему безразлична, по медленному темпу его речи и расслабленным интонациям в голосе.

О том, что человеку не доставляет удовольствия ваша компания, может говорить его желание уйти, выраженное невербально. Об этом свидетельствуют следующие сигналы: ваш собеседник постоянно посматривает на дверь, корпус

**44**

тела, носки его ног обращены в сторону выхода. Человек может демонстративно теребить свой портфель, теребить замок на нем, застегивать и расстегивать молнию — все это признаки скуки, которые сообщают о его готовности уйти в любой момент.

Чтобы выразить свое намерение уйти в любой момент, ваш собеседник может снять очки и положить их в футляр. Это означает, что он вас уже наслушался, ваши аргументы ясны, вам следует либо подытожить вашу беседу, либо перейти к более интересному вопросу.

Если человеку скучно, он старается принять наиболее удобную для него позу, постепенно найти какую-то опору, он расслаблен, невнимателен к вашим словам. Если ваш собеседник сидит, то свидетельством того, что ему скучно, будет его «растекание» по столу. Поза — это показатель уровня внимания. Человек в расслабленной позе не способен воспринимать информацию.

# Глава 2

## Как по невербальным сигналам вычислить обманщика?

●●●●●●●●●●●●●●●●●●● **Правило № 17**

### НАСТОРОЖИТЕСЬ, ЕСЛИ ЕГО РОТ «НА ЗАМКЕ»

**Вычислить ложь бывает непросто, особенно если лгунишка — профессионал. Но если вы будете предельно внимательными к тем сигналам, которые выдает его подсознание, то без труда справитесь с задачей.**

Вруна, как бы он ни старался скрыть свою ложь, все равно можно распознать: его выдает несоответствие между микросигналами подсознания, проявившимися в жестах, и сказанными словами.

Человек так запрограммирован, что его реакция на ложь всегда негативна, даже если это

46

его собственная ложь. Не бывает так, чтобы человек врал, оставаясь при этом совершенно спокойным. Вспомним поговорки: «Врет и глазом не моргнет», «Врет и не краснеет». Конечно, в данном случае речь идет о людях, которые гениально умеют скрывать свою ложь, маскировать свой вымысел, умеют справляться с непроизвольными реакциями своего тела. Но даже если мы имеем дело с опытным обманщиком, ему не удастся скрыть все признаки лжи.

Если ваш собеседник использует жесты, связанные с приближением рук к лицу, тогда это должно насторожить: возможно, у него на уме что-то нехорошее. Это может быть сомнение, неуверенность, мрачное предчувствие. Но чаще всего это некоторое преувеличение действительного факта или явная ложь. Какие жесты могут выдать собеседника, если он явно лжет?

Когда мы наблюдаем или слышим, как другие говорят неправду, или лжем сами, мы делаем попытку закрыть наш рот, глаза или уши руками. Защита рта рукой является одним из немногих откровенных жестов, явно свидетельствующих о лжи. Рука прикрывает рот, и большой палец прижат к щеке, так как посылает сигнал сдерживать произносимые слова. Некоторые люди пытаются притворно покашливать, чтобы замаскировать этот жест. Если такой жест используется собеседником в момент речи, это свидетельствует о том, что он говорит неправду. Однако если он прикрывает рот рукой в тот момент, когда вы говорите, а он слушает, это значит, он понимает, что вы лжете.

Прикосновение к своему носу является утонченным, замаскированным вариантом предыдущего жеста. Он может выражаться в нескольких легких прикосновениях к ямочке под носом или быть выражен одним быстрым, почти незаметным прикосновением к носу.

Объясняется этот жест следующим образом: у лжеца появляются щекотливые позывы на нервных окончаниях носа, и его очень хочется почесать. Когда вы видите, что собеседник лжет, вы можете попросить его повторить или уточнить сказанное. Это заставит обманщика отказаться от продолжения своей хитрой игры.

Если человек часто моргает, то он лжет.

● ● ● ● ● ● ● ● ● ● ● ● ● ● ● ● ● **Правило № 18**

## ПОДСОЗНАНИЕ ВСЕГДА ПРОТИВ ЛЖИ

Даже опытный обманщик не может контролировать свое подсознание. Оно, как правило, выдает неправду. Поэтому вам нужно быть предельно внимательными к микросигналам подсознания.

Обратите внимание на левую сторону человеческого тела. Именно левая сторона — левая рука, левая нога, левая половина лица — выдает истинные эмоции. Объясняется это довольно просто. Дело в том, что эмоции очень сложно контролировать в процессе обмана. Если человек лукавит, то внутренне он напряжен, это напряжение может быть явным, а может быть скрытым. Но, так или иначе, существуют сигналы, которые выдают волнение человека, даже если он всячески пытается его завуалировать.

Такие сигналы вы должны искать на левой стороне человеческого тела. Правая сторона является наиболее контролируемой. Мы больше обращаем внимание на то, что происходит с нашей правой стороной. К примеру, если мы замечаем, что наша правая рука ведет себя, мягко говоря, не совсем «правильно», выдавая нашу нервозность или обман, то можем заставить ее успокоиться. Но вот левая сторона нашего тела не всегда поддается сознательному контролю.

Недавние исследования объяснили это тем, что левая и правая стороны тела находятся под контролем различных полушарий мозга. Левое полушарие контролирует речь и интеллектуальную деятельность, правое управляет эмоциями, воображением и сенсорной деятельностью. Связи управления перекрещиваются: работа левого полушария отражается на правой стороне, которая является более контролируемой. Поэтому все то, что человек старается продемонстрировать другим, отображается на правой половине его тела, а то, что он в реальности переживает, — на левой.

Итак, какие же невербальные сигналы могут выдать обманщика? Если вы заметили, что левая рука у вашего собеседника постоянно болтается невпопад, описывает круги или иные фигуры в воздухе, причем совершенно без всякого смысла, то это может означать, что ваш собеседник с вами не слишком откровенен, левая рука, таким образом, выдает своего хозяина. Аналогичным «доносчиком» на своего не совсем искреннего хозяина может являться левая нога, которая изображает на песке или асфальте фигуры, линии и прочие незначимые элементы.

●●●●●●●●●●●●●●●●●●●●● **Правило № 19**

### ДЕРЖИТЕ ЗРИТЕЛЬНЫЙ КОНТАКТ

**Вы всегда сможете определить, искренен ли с вами ваш собеседник, если будете смотреть ему прямо в глаза. Если ваш собеседник прячет глаза, это первый признак того, что в его словах кроется неправда.**

Есть маленькие нюансы, которые вы должны учитывать, если хотите вывести вашего собеседника на чистую воду. Анализируя взгляд вашего партнера, обратите внимание на то, куда он отводит глаза. Обманщик преследует единственную цель — хочет, чтобы вы ему поверили, поэтому он не опускает глаза вниз, а отводит в сторону. При желании он снова может посмотреть на вас, чтобы определить, подействовали ли его уловки. Если же глаза вашего собеседника опущены вниз, то скорее всего ему просто неловко в вашей компании. Если ваш собеседник поднимает глаза вверх, это признак того, что он находится в задумчивости.

Если вы сомневаетесь в искренности вашего собеседника, а доказательств недостаточно, попробуйте провести следственный эксперимент, чтобы установить истину. Смотрите на вашего собеседника в упор в течение минуты. Если он выдержит ваш взгляд, не попытается отвести глаза в сторону, то он вас не обманывает. Если же он избегает вашего взгляда, постоянно ищет глазами место, куда бы спрятаться, то скорее всего он лукавит.

Смотреть собеседнику прямо в глаза очень непросто. Вы сами можете почувствовать себя неудобно, неловко, попытаетесь отвести в сторону взгляд. Если вам не удается держать зрительный контакт, тогда можете использовать маленькую хитрость: направьте ваш взгляд на кончик носа вашего собеседника. Ему будет казаться, что вы смотрите ему прямо в глаза. Таким способом вы сможете легко вычислить лжеца, при условии, конечно, что он сам не владеет подобной техникой и не пытается вас надуть.

Человек может скрывать неправду другим способом. Известная уловка опытных лжецов: для того чтобы выдержать взгляд собеседника, нужно активно, чаще, чем это требуют простые физиологические потребности, моргать. Так можно выдержать сколь угодно долгий и пристальный взгляд, даже если ваша совесть не очень чиста. Будьте внимательны по отношению к таким активным морганиям.

Еще одна уловка, которую может использовать обманщик, — так называемый «лукавый взгляд». Он намеренно сужает глаза для того, чтобы выдержать ваш взгляд. При этом человек может приторно улыбаться, пытаться вас ввести в заблуждение по поводу своей искренности.

● ● ● ● ● ● ● ● ● ● ● ● ● ● ● ● **Правило № 20**

## ИЩИТЕ ЭМОЦИИ СЛЕВА

**В этой главе речь пойдет о наименее контролируемой стороне человеческого лица — о левой стороне. Мы расскажем о том, как по мимическим реакциям можно вычислить обманщика.**

Художникам и фотографам давно известно, что лицо человека асимметрично, в результате чего левая и правая стороны нашего лица отражают эмоции по-разному. На левой половине лица труднее скрыть чувства. Положительные эмоции отражаются более равномерно на обеих сторонах лица, отрицательные эмоции отчетливо выражены на левой стороне. Об искренности человеческой эмоции обычно говорит симметрия в отображении чувства на лице. Чем сильнее фальшь, тем более разнится мимика на правой и левой половинах. Одним словом, если одна сторона лица искривляется сильнее, чем другая, человек точно лжет.

Когда у вас возникают сомнения по поводу того, правдив ли ваш собеседник, тогда за ответом обратитесь к левой стороне его лица. Если вы заметите определенный диссонанс и дисгармонию в его мимике, это может быть свидетельством его неискренности. К примеру, человек вам улыбается, но вы заметили, что левый уголок рта поднят вверх менее, чем правый, так называемая асимметрия улыбки. Это верный признак неискренности вашего собеседника, а такую улыбку мы называем *ухмылкой*. Она имеет особый смысл: ваш оппонент вам показывает, что вы в его власти, что вы ничего не можете сделать.

Если, к примеру, одна бровь вашего собеседника расправлена и ровно лежит, не выражая эмоций, а в это время другая (как правило, левая) приподнята, или сведена к переносице, это также может быть признаком лживости вашего собеседника.

Подсознательно или сознательно человек может прятать левую сторону лица. Скажем, специально поворачивается к вам правой стороной, закрывая при этом «предательскую» левую. Это делается для того, чтобы вы по его непроизвольным реакциям не вычислили обман.

Есть еще несколько мимических нюансов, которые свидетельствуют о том, что человек обманывает. Обратите внимание на кончик носа: у лжеца кончик носа может двигаться, он может отводить нос в сторону.

Обратите внимание на то, соответствует ли улыбка человека его взгляду. Если вы заметите, что человек смеется, а его глаза — нет, это может означать только одно — человек что-то утаивает от вас.

● ● ● ● ● ● ● ● ● ● ● ● ● ● ● ● ● ● ● **Правило № 21**

## СЛЕДИТЕ ЗА НЕПРОИЗВОЛЬНЫМИ РЕАКЦИЯМИ

Человек может взять себя в руки и начать контролировать собственное тело, следить за жестами, позой, мимикой. Однако

**непроизвольные реакции организма очень трудно скрыть. Именно они могут выдать обман, даже если перед вами опытный лгунишка.**

Именно по непроизвольным реакциям организма отличают правду от вымысла на детекторе лжи. Вы тоже можете стать более или менее точным детектором, если научитесь замечать эти непроизвольные реакции в процессе разговора. Детектор улавливает самые малейшие отклонения от нормы — изменение пульса (как правило, учащение), задержку дыхания. По этим показателям очень легко определить, врет человек или говорит правду.

Как определить правду без детектора лжи? К непроизвольным реакциям относятся: покраснение и побледнение лица, учащение пульса, задержка дыхания. Самые заметные зоны пульса — это вены на руках, запястья, артерии. Если у человека участился пульс, то это можно определить по тому, что его галстук стал пульсировать.

Человек покраснел или побелел, и это тоже может означать, что он неискренен с вами. Более того, когда человек бледнеет, это признак страха (страха быть разоблаченным). Если же он покраснел, это признак стыда за свой обман. У человека, который врет не слишком часто, цвет лица может меняться прямо на глазах — он будет то краснеть, то белеть.

Человек, который обманывает, может внезапно начать задыхаться. Его дыхание учащается из-за нехватки воздуха. Для лгунишки характерны спазматические движения горла и рефлекторное сглатывание слюны. Или же, напротив, от сильного волнения перед возможным разоблачением у него может пересохнуть в горле, и он попросит пить. Все эти непроизвольные реакции характерны для человека, который не слишком поднаторел в обмане и очень сильно волнуется. Если же ваш собеседник — опытный лжец, то вычислить его будет не так-то просто. Его волнение будет гораздо меньше, а произвольные реакции организма незаметнее, поэтому вам нужно будет сильно постараться, чтобы определить обман.

# Глава 3

# Кто перед вами: начальник или подчиненный?

●●●●●●●●●●●●●●●●●●●● **Правило № 22**

## РУКА ВЛАСТИ

Человек, который привык управлять, использует особые жесты. С помощью невербальных сигналов он говорит о том, что он здесь главный, его нужно слушаться. Все его действия, жесты направлены на захват лидерства. Если перед ним слабый противник, то он легко добьется своего. Для того чтобы противостоять такому оппоненту, нужно овладеть приемами нейтрализации его влияния.

Человека, который стремится к захвату лидерства, можно вычислить по тому, как он здоровается, как подает руку для приветствия. Если он выбрасывает руку вперед, причем так, что его рука оказывается сверху, это значит, что он привык доминировать и пытается продемонстрировать свою силу.

Как противостоять такому напору со стороны вашего оппонента? Вы можете обхватить подаваемую руку за запястье и встряхнуть ее. Существует более мягкая форма нейтрализации такого проявления властности. Вы можете накрыть сверху подаваемую руку вашей второй рукой.

В процессе рукопожатия продолжается борьба за лидерство. Здесь побеждает тот, кто дольше удержит свою руку, проигрывает — кто первым ее отнимет. У человека, привыкшего управлять, «мертвая хватка» — очень крепкое и длительное рукопожатие.

Жесты, которые использует человек, настроенный на завоевание лидерства, очень четкие, строгие, без излишеств. Его стремление управлять окружающими может проявляться в следующем жесте: в его руке находится какой-либо предмет, «начальник» использует его в качестве указки. Это может быть ручка, очки или любой другой предмет, которым ваш собеседник может манипулировать, делать акценты на значимых словах. Он выступает в роли учителя, знатока, объясняющего окружающим, как нужно поступить, как себя вести.

О том, что человек чувствует свое превосходство, говорит красноречивый жест — скрещенные на груди руки с поднятыми вверх большими пальцами. Этот двойной сигнал обозначает, с одной стороны, негативное отношение к вам, а с другой — чувство превосходства над вами. Собеседник, который чувствует, что доминирует над вами, может, сложив руки в замок, вращать пальцами друг вокруг дружки. Если человек стоит, то в этот момент он может покачиваться на каблуках — это тоже своего рода поза превосходства: человек настолько уверен в себе, что он может позволить себе такие неудобные, неустойчивые позиции, как позиция на носках или пятках.

Еще один жест, который выражает чрезмерную уверенность и ощущение доминирования над вами, — это закладывание рук за спину с захватом запястья. Признаком уверенности и самодовольства является использование жеста — руки «домиком», а также закладывание рук за голову. Существует несколько способов сбить спесь с вашего собеседника. Вы можете наклониться вперед и спросить: «Я вижу: это вам известно». Если не подействует, попробуйте заставить его изменить самодовольную позу на более нейтральную, предложив посмотреть какую-либо картинку или иллюстрацию, спросите вашего собеседника: «А вы видели это?» Это заставит его изменить свое положение, наклониться к вам.

●●●●●●●●●●●●●●●●● **Правило № 23**

**ВЗГЛЯД СВЫСОКА**

**Человек, ощущающий превосходство над своим собеседником, всегда смотрит на него особым взглядом, свысока. Свое превосходство он демонстрирует при помощи целого комплекса мимических выражений.**

Взгляд *свысока* не имеет ничего общего с разницей в росте собеседников. Человек, не отличающийся высоким ростом, но обладающий при этом львиной долей уверенности в своих силах, может так посмотреть на своего высокорослого, но менее уверенного собеседника, как смотрит начальник на подчиненного. Это взгляд уверенных в себе людей, обладающих недюжинными лидерскими качествами, успешных в жизни и, возможно, занимающих высокие посты.

Разберемся, в чем особенность взгляда человека, который знает себе цену. Во-первых, он никогда не будет смотреть на вас широко открытыми глазами. Для него вы — не такая важная птица, чтобы обращать на вас внимание. Поэтому, как правило, человек, который чувствует свое превосходство, смотрит через узкие щелочки полуопущенных век. Таким взглядом он выражает некоторое пренебрежение к своему собеседнику. Иногда он имеет и другой смысл — скепсис, оценка ваших возможностей.

Если вы не знакомы с лидером близко, то вас вряд ли вообще одарят своим взглядом. Вы для начала должны заслужить его внимание, привлечь как-нибудь. Но будьте уверены, что вас будут изучать, оценивать, смотреть искоса, чтобы сделать вывод, насколько вы опасный противник.

На лице человека, уверенного в своих силах, всегда выражается некий стандартный мимический набор. Он может улыбаться вам при встрече, но улыбка эта носит, как правило, формальный характер. Она не выражает искреннюю радость человека от встречи с вами, но является признаком превосходства, высокомерия, оценки, скепсиса. Улыбаясь, ваш собеседник может растянуть губы, но уголки рта не будут приподняты, а лишь растянуты в разные стороны.

Для людей высокомерных, привыкших управлять, характерен скучающий взгляд. Пока вы излагаете суть вашей просьбы или делаете ему какое-нибудь предложение, ваш собеседник может сделать вид, что ему неинтересно — в процессе разговора он может изучать окружающую обстановку.

● ● ● ● ● ● ● ● ● ● ● ● ● ● ● ● **Правило № 24**

## СТРЕМИТЕЛЬНАЯ ПОХОДКА

**Для человека, уверенного в себе, характерна особая походка и осанка. Вы сразу сможете определить, кто перед вами — начальник или подчиненный, если обратите внимание на эти важные невербальные сигналы, которые способны многое рассказать о человеке.**

В походке заложен характер: человек ходит так, как привык действовать. К примеру, он привык добиваться своего во что бы то ни стало, значит, и ходить он будет бодро, быстро, размахивая руками. Даже если он просто прогуливается, он вряд ли будет идти медленно, поскольку привык делать все на бегу, у него просто не остается времени на медленный прогулочный шаг. Шаги у этого человека очень широкие. Он всегда стремителен, идет к своей цели и достигает ее в два шага.

Человек, который привык управлять людьми, привык управлять и своим телом. Он ходит плавно, у него упругий, ровный шаг, все движения уверенные и четкие. Если на его пути возникла какая-то преграда — лужа, грязь, то он вряд ли станет обходить эту преграду, если, конечно, она преодолимая. Вероятнее всего, он перепрыгнет ее, сделает то же самое, что он всегда делает с трудностями, — преодолеет.

Совсем о другом типе характера говорит медленная, нерешительная походка. Скорее всего этот человек привык подчиняться, он идет аккуратно, его руки вытянуты по швам. Он выбирает местечки посуше, а если все-таки сталкивается с огромной лужей на асфальте, то старается обойти ее подальше. Он постоянно оглядывается, делает это больше по привычке, чем по необходимости. Он постоянно чувствует опасность. У таких людей, как правило, есть дефекты осанки — он может сутулиться. Такая походка присуща человеку, который ищет легких путей и стремится к спокойной и благополучной жизни.

●●●●●●●●●●●●●●●● **Правило № 25**

## ЛИЦО БЕЗ ЭМОЦИЙ

**У человека появляется чувство уверенности в себе тогда, когда он в чем-то преуспел. Как правило, уверенные в себе люди имеют немалый опыт, многое видели и многое знают, именно поэтому для них характерно некое мимическое спокойствие.**

Опытный управленец знает о том, что такое язык жестов и что использование знаков невербального общения может ему повредить, выдать истинные мотивы. Именно поэтому такие люди крайне осторожно используют мимические сигналы, которые говорят об их переживаниях. Они умеют контролировать свою мимику, и вы очень редко можете увидеть на их лице отражение истинных эмоций.

Очень трудно бывает определить, что у них на уме, что они чувствуют, как относятся к вам, согласны ли с вашим мнением, пойдут ли на уступки. Но все же вы сможете вычислить истинные мотивы поведения таких скрытных людей, если будете крайне внимательны к мимическим невербальным сигналам.

Обратите внимание на неявные мимические выражения, скрытые эмоции, непроизвольные реакции. Устройте эксперимент: испытайте человека. Сделайте ему предложение, которое его вряд ли устроит, а возможно, даже разгневает, и проследите за тем, какие эмоции отразятся на его лице. Как он отнесется к такому предложению? Как выразит свою неприязнь? Например, гнев может отразиться на лице следующим образом: человек поморщится, поведет носом. Это могут быть чуть заметные мимические реакции, но вы должны про себя их отметить. Затем попытайтесь максимально смягчить ваше предложение, предложите что-то такое, что, по-вашему мнению, собеседнику точно понравится. И проследите за тем, как он выражает положительные эмоции. Удовольствие может быть выражено в виде полуулыбки, блеска в глазах, приподнимания бровей или иначе. Таким образом, вы научитесь определять настроение человека, читать его мысли, отслеживать его эмоции. Когда вы сделаете настоящее предложение, вам, чтобы определить мнение, просто нужно будет проследить за реакцией вашего собеседника: проявляет ли он непроизвольные реакции, которые означают удовлетворение, или же те, которые обозначают неудовольствие.

● ● ● ● ● ● ● ● ● ● ● ● ● ● ● ● ● **Правило № 26**

### ВНИМАНИЕ! Я ГОВОРЮ

**Человек, привыкший управлять, успешный в делах, умеет пользоваться даром речи профессионально не только потому, что правильно, грамотно излагает свои мысли, но и потому, что он умело при этом манипулирует голосом, чтобы убедить своих оппонентов. Голос — главное оружие лидера.**

У лидера, как правило, поставленный голос. За свою жизнь людям, обладающим лидерскими качествами, часто приходилось привлекать внимание окружающих, выступать публично, и они знают, как это правильно делать. Человек-лидер владеет своим голосом, у него несомненный ораторский талант. Возможно, в прошлом он выступал на подмостках любительского театра либо студенческого КВН.

Он знает, когда нужно повысить голос для того, чтобы его услышали, а где говорить чуть тише, чтобы привлечь внимание аудитории. Если у человека поставленный голос, то это говорит о том, что он скорее склонен управлять, нежели подчиняться.

Кроме того, властный человек всегда говорит в среднем темпе. Он не ускоряет темп речи с целью запудрить вам мозги, а говорит в удобном для вашего восприятия ритме, поскольку уверен в себе, в своих словах, и хочет, чтобы вы ему поверили. Не свойствен таким людям и медленный темп, они никогда не «мямлят». Они грамотно расставляют акценты и паузы там, где необходимо. По этим признакам можно легко отличить лидера от человека, привыкшего подчиняться.

# Глава 4
## Невербальные сигналы аттракции (симпатии)

● ● ● ● ● ● ● ● ● ● ● ● ● ● ● ● **Правило № 27**

**ИЩИТЕ ИСТИНУ ВО ВЗГЛЯДЕ**

Понять, что вы нравитесь другому человеку, можно, внимательнее заглянув в его ясные очи. Если эти очи действительно ясные, тогда вы смело можете записать вашего собеседника в число ваших поклонников. В этой главе мы расскажем о том, как по взгляду определить, что вы симпатичны другому человеку.

Существуют скрытая и открытая форма проявления симпатии. Срытая форма используется тогда, когда человек боится обмануться в вас, боится, что не добьется от вас взаимности. Но, несмотря на свой страх, он стремится контактировать с вами, стремится быть с вами рядом и смотреть на вас. Очень часто, если человек скрывает свою симпатию, то он смотрит на объект обожания украдкой, незаметно. Если ваши взгляды в какой-то момент пересеклись, он тут же отводит глаза.

Если человек открыто проявляет к вам симпатию, то в его взгляде можно прочесть интерес, уважение, вопрос: «А как ты ко мне относишься?» При этом глаза у человека широко открыты, зрачки, как правило, расширены. В его взгляде нет враждебности и других негативных эмоций.

Мужские и женские взгляды симпатии очень сильно отличаются друг от друга. Женщины более изобретательны. Именно представительницы женского пола дали начало искусству «стрелять глазками». Именно дама, как правило, первой начинает невинную игру в «гляделки», которая при удачном раскладе превращается в бурный роман. Разберемся в том, как женщины и мужчины посылают друг другу визуальные сигналы симпатии.

*Мужские сигналы аттракции.* Для того чтобы по взгляду мужчины определить, симпатичны ли вы ему, обратите внимание, куда он смотрит. Мужчина, выражая симпатию, осматривает объект с головы до ног. Для начала он отмечает для себя вашу общую привлекательность, потом опускается ниже, задерживая взгляд на области груди и бедер, если вы являетесь счастливой обладательницей форм, достойных его внимания.

Если мужчина начинает проявлять к вам интерес, это выражается в расширении его зрачков и учащении зрительных контактов.

*Женские взгляды аттракции.* Девушки смотрят иначе. Для них характерен взгляд искоса, украдкой. Если при этом они встречаются взглядом с предметом своих воздыханий, то, как правило, отводят глаза и заливаются румянцем. Для девушек задерживать взгляд на мужчине считается не очень приличным, поэтому они стараются наблюдать за предметом своих грез тайно, пока он не видит. Девушка начинает осматривать своего потенциального кавалера снизу вверх, этим отличаясь от мужчин. Такое направление имеет двойной смысл. С одной стороны, она набирается смелости, чтобы посмотреть понравившемуся мужчине в глаза, а с другой стороны, для женщины самым желанным моментом является момент встречи двух взглядов.

●●●●●●●●●●●●●●●●●●● **Правило № 28**

## СИМПАТИЯ СКРЫТА В ЖЕСТАХ

Жесты симпатии весьма разнообразны и интересны. У каждого человека свой индивидуальный набор жестов, с помощью которых он привлекает внимание понравившегося ему человека.

Мы уже отметили, что мужские и женские жесты симпатии сильно отличаются друг от друга. Безусловно, женские невербальные сигналы много разнообразнее и интереснее, чем мужские. Существуют и универсальные жесты, которые используют представители обоих полов, чтобы выразить или, напротив, скрыть свою симпатию.

Если, к примеру, человек сомневается во взаимности своего избранника, тогда для его жестов характерна осторожность. Если случайно или умышленно человек дотронется до своего тайного воздыхателя, тот, в свою очередь, моментально отдернет руку, точно обжегшись. Это происходит неслучайно: скрывая свою симпатию и привязанность, человек боится контакта с тем, кто ему нравится, так как опасается, что не совладает со своими инстинктами и выдаст себя с головой.

Мужчины обычно выражают симпатию следующим образом. Для начала пытаются привлечь внимание понравившейся им женщины, начинают прихорашиваться в ее присутствии: приглаживают волосы, поправляют галстук, запонки, рубашку, одергивают воротничок, пиджак, смахивают несуществующую пылинку с плеча или перхоть.

Мужчина может использовать следующий красноречивый жест: закладывать большие пальцы рук за ремень в области живота, чтобы акцентировать внимание на области своих гениталий; стоять, держа руки на бедрах, развернув тело к женщине, носок ступни направить в ее сторону.

Девушка стремится показать мужчине, что он ей понравился, с помощью следующих жестов и поз. Она может прикасаться к волосам без всякой на то причины, поправлять одежду или макияж в присутствии понравившегося ей человека. Одним из ярких жестов симпатии является следующий жест: женщина разворачивает в сторону мужчины свои запястья, чтобы показать свою гладкую и нежную кожу (например, во время курения она держит сигарету на уровне шеи или плеч, обнажив запястье в сторону интересующего ее мужчины). В процессе ходьбы женщина может достаточно откровенно покачивать бедрами, чтобы продемонстрировать свои прелести.

Если встреча с мужчиной происходит в неформальной обстановке, например, в баре или на дискотеке, то женщина может прибегнуть к весьма откровенным жестам. Она старается сесть таким образом, чтобы ее ноги были видны ее избраннику. В процессе разговора она покачивает туфелькой на пальцах ноги, кладет ногу на ногу так, чтобы они выстроились на одной линии, направленной на объект интереса женщины. Если мужчина находится не слишком далеко от женщины, тогда последняя может медленно переплетать ноги перед глазами мужчины и также медленно возвращать их в обратное положение, нежно поглаживать бедра рукой, часто при этом женщина говорит тихим низким голосом.

●●●●●●●●●●●●●●●●● **Правило № 29**

### ВАМ УЛЫБНУЛИСЬ? ЗНАЧИТ, ВАМ СИМПАТИЗИРУЮТ

**Улыбка — не всегда стопроцентный показатель симпатии. Улыбка может быть признаком того, что человеку что-то от вас нужно: он пытается вам понравиться, а затем использовать свое влияние. Как отличить улыбку истинной симпатии от других типов улыбок?**

Улыбку, которая выражает симпатию, нельзя ни с чем спутать. Она всегда симметрична: оба уголка рта одинаково подняты вверх. Симпатию может выражать как открытая (с обнаженными зубами), так и более сдержанная закрытая улыбка. Если человек демонстрирует вам свои зубы, то он дает понять, что чувствует себя в вашей компании совершенно спокойно, ему нечего скрывать. Если улыбка искренняя, то и взгляд у человека искренний, светлый, излучающий улыбку.

**72**

Если вы заметите асимметрию в улыбке (один уголок рта ниже другого, либо один уголок опущен, другой поднят), то это может быть признаком неискренности вашего собеседника. Если глаза вашего спутника не смеются, в то время как на его лице сияет улыбка, значит, у него есть какие-то корыстные намерения, он хочет вас обмануть.

О том, что человек хорошо к вам относится, симпатизирует вам, говорит не только улыбка, но и смех. Если человек смеется в вашем присутствии, то он относится к вам доброжелательно, не стесняется при вас обнажать свои эмоции, быть открытым. Открытость человека — это признак симпатии.

Улыбка может иметь иронический характер. Это, как правило, искривленная улыбка, когда голова наклонена набок, один глаз может быть прищурен. Такая улыбка тоже признак симпатии. Это добрая ирония, человек к вам относится хорошо, но в данный момент, возможно, вы выглядите комично. Не стоит путать ироничную улыбку с улыбкой-сарказмом, это признак того, что ваш собеседник вас не уважает, а открыто смеется над вами. Такая улыбка будет отличаться большей кривизной, у человека может появиться не свойственный ему прищур. Необходимо отличать открытую улыбку от улыбки-оскала, которая является признаком скрытой агрессии и негатива. Ее отличительный признак: человек обнажает все зубы, включая нижнюю челюсть.

Существует еще одна опасность: ваш собеседник может копировать вашу улыбку, не испытывая при этом чувства искренней симпатии к вам. Это можно легко определить. Если ваш спутник улыбается только тогда, когда это делаете вы, значит, он просто пытается вас ввести в заблуждение, чтобы использовать ваше добродушное настроение для достижения своих корыстных целей.

Помните, что отсутствие улыбки — не показатель отсутствия симпатии к вам. Если ваш собеседник угрюмо смотрит на вас, ни разу не улыбнувшись, то не спешите сразу его обвинять в антипатии, возможно, что он просто скрывает свое искреннее отношение к вам, либо он просто такой неулыбчивый человек.

●●●●●●●●●●●●●●●●●●● **Правило № 30**

### «А ГОВОРИТ, ТОЧНО ПОЕТ»

**Можно легко определить, нравитесь вы своему собеседнику или нет, если внимательно прислушаться к тому, как он говорит. Очень часто истинное отношение к человеку выдает голос.**

**74**

У женщин выработался некий стандарт выражения симпатии с помощью голоса. Если мужчина ей нравится, она меняет свой естественный, обычный голос, начинает говорить более низко, иногда даже с хрипотцой. Это признак сексуального влечения к партнеру. Темп ее речи достаточно медленный для того, чтобы мужчина сумел воспринять информацию, кроме того, это некий сигнал, который она посылает мужскому либидо, своего рода словесный гипноз: «Обрати внимание на то, какая я красивая». Очень часто в голосе женщины появляются певучие интонации, она говорит, точно поет. Если девушка стесняется выразить свое истинное отношение к мужчине, боится быть отвергнутой, тогда для ее голоса характерны совершенно иные интонации: голос может дрожать, темп речи будет очень быстрым, в процессе разговора ее могут мучить непроизвольные спазмы в горле, что само по себе признак большого волнения. К тому же девушка может пытаться (тщетно) контролировать свой голос.

Мужчины выражают свое желание покорить девушку несколько иначе. Их голос, в разговоре с понравившейся им девушкой, похож на клич самца в битве за самку, как бы цинично это ни звучало. В мужчине просыпаются звериные инстинкты, это проявляется в голосе. Они подают своеобразный клич, который означает: «Это моя добыча». Со всеми потенциальными конкурентами он будет достаточно резок, возможно, даже груб в обращении. Что касается беседы с той, кому он намерен отдать свое сердце, то здесь мы вправе сравнить голос мужчины с песней. Он начинает использовать свои самые яркие голосовые возможности, старается продемонстрировать себя во всей красе. Если он владеет инструментом и умеет неплохо петь, то обязательно найдет возможность продемонстрировать свой талант. Его голос становится нежным, мягким, бархатистым, похожим на звуки невиданного, диковинного инструмента, очень нежно и мелодичного звучащего.

# Глава 5
## Невербальные сигналы агрессии

**ВОЛЯ «В КУЛАКЕ»**

Очень важно уметь по невербальным сигналам вычислить агрессивно настроенного человека. Под агрессией мы будем понимать не только непосредственно силовое воздействие, но и негативное отношение, нацеленность на противостояние.

Главный жест агрессии — сжатая в кулак рука. Данный жест может иметь разную степень агрессии. Если руки вашего собеседника вытянуты по швам, при этом обе сжаты в кулаки, то это признак нарастания негатива у человека, он настраивается на поединок. Если кулаки постепенно поднимаются, достигнув уровня груди, то это тревожный фактор. Человек принял бойцовскую стойку, подготовился к удару, и остаются считаные секунды до открытого проявления агрессии. Если у вашего собеседника начинают «чесаться» кулаки — он потирает пальцами одной руки другую руку, сжатую в кулак, то он также настроен негативно по отношению к вам.

Если ваш собеседник обхватывает себя руками за плечи — это признак сдерживаемой агрессии. Это значит, что человек готов ринуться в бой, но пытается себя сдержать. Если вы не намерены вступать с ним в поединок, то, увидев такой жест, должны изменить тактику ведения переговоров: сменить тему, изменить тон.

Характерный для настроенного агрессивно по отношению к вам человека жест — заложенные за спину руки с захватом запястья. Этот жест опасен, так как он невидим для собеседника, если человек убирает свои руки за спину, то создается впечатление, что он что-то от вас прячет, возможно, это оружие для предстоящей схватки. Но даже без оружия этот жест, сам по себе, очень опасен и означает, что человек явно имеет недобрые намерения.

Для того чтобы сгладить агрессивный настрой вашего собеседника, вы можете использовать следующие невербальные средства. Во-первых, попытайтесь сократить дистанцию между вами, используйте тактильное воздействие — дотроньтесь до человека. Помните, все ваши действия, движения должны быть крайне медленными, чтобы ваш собеседник не принял их за наступление с вашей стороны. Помните еще и о том, что если он настроен «безусловно» агрессивно, то есть заранее планирует драку вне зависимости от вашего поведения, тогда никакие средства вам не помогут. Вам следует подумать о том, как прервать ваш разговор и уйти в безопасное место, предоставив ему возможность выплеснуть агрессию на кого-нибудь другого.

●●●●●●●●●●●●●●●●●●● **Правило № 32**

### ПОЗА ВОИНСТВЕННОСТИ

**Для человека, настроенного агрессивно, характерны особая поза, осанка и походка. Эти невербальные знаки смогут выдать своего воинственно настроенного обладателя. Ваша задача — уметь их расшифровать.**

Об агрессивном настрое человека может свидетельствовать поза воина: человек широко расставляет ноги для того, чтобы чувствовать себя уверенно, чтобы под ногами была опора. Его корпус несколько наклонен вперед. Как правило, он старается прикрыть отдельные участки своего тела на случай, если вы первым начнете атаковать. Эти участки — наиболее уязвимые места человека. Для мужчин — это паховая область, нос, челюсть. У женщин (хотя такое яркое проявление агрессии среди женщин не столь популярно, но все же возможно) — это область груди и лицо.

Агрессивная походка очень яркая — человек шагает очень широко, иногда даже скачет, чтобы быстрее добраться до своей цели, при этом активно размахивает руками, иногда он может переходить на бег — это признак высокой степени напряжения.

Если вы подозреваете вашего собеседника в недобрых намерениях, вам следует обратить внимание на его осанку. Если ваши подозрения верны, то ваш собеседник не стоит прямо, вытянувшись во весь рост. Он немного приосанился, вжал голову в плечи — сам врос в землю, стал компактным, теперь ему удобно наносить удары. Если вы сидите, тогда ваш собеседник может вытянуть шею вперед, а плечи откинуть назад. Причем голова его будет немного наклонена так, что в вашу сторону будет устремлен лоб, самая твердая часть головы, готовая принять ваш удар.

● ● ● ● ● ● ● ● ● ● ● ● ● ● ● ● ● **Правило № 33**

### ВЗГЛЯД ХИЩНИКА

**Если человек не старается скрывать негативные эмоции, то их очень легко вычислить по мимике. Она достаточно крас-**

норечиво отражает эмоциональный настрой. **Как определить, что ваш собеседник**
**настроен агрессивно?**

Агрессия — это своего рода защитная реакция организма. Человек начинает проявлять агрессию, как только понимает, что сильно усту-
пает вам в каких-то вещах. Это может быть по-
рождение гнева, ненависти, зависти. Возможно,
ваш собеседник слабее вас в ораторском искус-
стве, не владеет талантом убеждения, понимает
свою интеллектуальную ущербность, поэтому,
за неимением других аргументов, у него и появляется желание победить вас доступным ему
способом — с помощью силы.

Мимика агрессии очень активна — это сдви-
нутые к переносице брови, раздувающиеся ноздри, пошатывающиеся скулы, иногда с поскри-
пыванием зубов, очень плотно сжатые губы. Это
мимические признаки того, что ваш собеседник
очень агрессивно настроен. Не всегда эти мимические сигналы отражаются на лице все вместе,
чаще всего имеется один или два признака. Если
на лице вашего собеседника вы заметите хотя
бы один из вышеназванных сигналов, насторо-
житесь — он не очень рад вам.

Обратите особое внимание на взгляд. У агрес-
сивного человека взгляд красноречиво повест-

**81**

вует о том, что его обладатель готов растерзать своего оппонента. Это очень тяжелый, пронизывающий взгляд, так смотрит хищник на свою жертву, готовясь к нападению.

● ● ● ● ● ● ● ● ● ● ● ● ● ● ● ● ● ● ● **Правило № 34**

## СЛОВЕСНАЯ ДУЭЛЬ

**Агрессивный настрой человека можно вычислить по тому, как он с вами говорит. Его слова подобны ударам: резкие, четкие звуки, между которыми достаточно длинные паузы. Нежелание вступать с вами в диалог также может быть проявлением скрытой агрессии.**

Если человек настроен агрессивно, то он, как правило, повышает громкость голоса. И делает это неосознанно либо для того, чтобы спровоцировать вас на выгодные для него действия, либо чтобы запугать. Возможно, ваш оппонент не обладает грамотной вербальной аргументацией, поэтому пытается объяснить свою точку зрения иными способами, то есть прибегает не к силе слова, а к громкости своего голоса.

Он пытается «доходчиво», в медленном темпе объяснить свою точку зрения. Как правило, это ему не удается. На самом деле он вас провоцирует, пытается, что называется, «наехать»: «Я непонятно объясняю?» Все это делается для того, чтобы вызвать у своего собеседника испуг, получить преимущество перед поединком. Он попытается провоцировать, пуская в ход пренебрежительные и язвительные интонации, смешки, ухмылки.

Для агрессивно настроенного человека характерно понижение тембра голоса, использование более низких тональностей, интонаций, иногда с хрипотой. Такие голосовые изменения тоже имеют цель напугать собеседника.

Иногда агрессия не успевает перерасти в драку, и человек срывается на крик. Человек, сдерживающий агрессию, находится в состоянии сильного напряжения. Если вы так и не дали ему повода для применения силы, то от этого его напряжение не уменьшится. И ему по-прежнему требуется разрядка. Очень часто такая разрядка происходит в форме крика. Это тоже своего рода невербальная форма выхода агрессии. Если он сорвался на крик, то уже вряд ли применит силу к вам. У него просто не осталось сил на драку. В такой ситуации вам лучше подождать, пока его гнев утихнет и он успокоится.

Вы сможете попробовать снять напряжение вашего собеседника с помощью невербальных сигналов. Используйте силу своего голоса, чтобы его успокоить, разрядить. Вы должны говорить медленно, нежно, ласково, как бы убаюкивать, усыплять его бдительность. Говорить можете все что угодно, например, настаивать на своем мнении, которое и вывело его из равновесия, но по невербальным сигналам он должен прочесть следующее: «Не бойся меня. Я твой друг. Успокойся. Не переживай. Лучше дружи со мной — это выгоднее». Если вы сумеете правильно использовать свои голосовые возможности, тогда ваш агрессивно настроенный собеседник покорится вам, умерит свой пыл, его агрессия уйдет либо будет обращена в другое русло.

# Глава 6
## Как использовать знание невербального языка на практике?

●●●●●●●●●●●●●●●●●●●● **Правило № 35**

### КАК СКРЫТЬ ОБМАН?

Вы сможете скрыть неправду, убедить собеседника в том, что вы искренни с ним, если научитесь контролировать свое тело. Важно выбирать те жесты, мимические выражения, которые не дадут собеседнику никакой новой информации, кроме той, которую вы даете ему вербально, тогда вы овладеете искусством манипуляции.

Обратите внимание на жесты, используемые вами в повседневной жизни, — они ваш главный предатель, они выдают ваши мысли и чувства. Практически любой вычислит ваш обман, если вы будете держать руки у рта и прятать глаза.

Эти яркие сигналы лжи известны даже ребенку. Поэтому будьте осторожны — не делайте того, что может выдать ваш обман. Чтобы не выдать себя, вы должны очень строго следить за своими руками, телом, мимикой. Следуйте правилу: никаких лишних движений. Первое время очень трудно будет обходиться без рук, мы ведь так привыкли помогать себе невербально в процессе речи, что очень сложно будет избавиться от этой привычки. Но вы должны себя заставить, иначе вас раскусят.

Отучиться жестикулировать и менять выражение лица сложно, но реально, еще труднее будет научиться скрывать непроизвольные реакции вашего организма. К ним относятся задержка дыхания, учащение пульса, дрожание тела. Существуют методики, которые позволяют скрыть эти признаки обмана.

Вы должны натренировать свой организм так, чтобы он не выдавал ваш обман. Попросите кого-нибудь из близких или друзей, чтобы вас испытали на детекторе лжи в домашних условиях. Ваш партнер должен находиться от вас на очень близком расстоянии и фиксировать ваш пульс, держа свою руку у вас на запястье. Пусть он контролирует вас во всем, следит за вашим дыханием, за изменением в мимике. Затем он задает вам несколько вопросов. Первые два-три вопроса должны быть самыми элементарными, например, «Какое ваше любимое блюдо?», «Жаворонок вы или сова?», на которые вы ответите без труда. А вот следующий вопрос — провокационный, например: «Врали ли вы когда-нибудь своим друзьям?» На этот вопрос вы вряд ли ответите, не изменившись в лице. Список вопросов должен быть вам неизвестен, иначе эксперимент потеряет смысл. Продолжайте эксперимент, пока ваш собеседник перестанет замечать изменения в вашем состоянии. Вы можете тренироваться достаточно долго, пока не научитесь контролировать свой организм. Возможно, вам не удастся обмануть настоящий детектор лжи, но скрыть свой обман от живого человека вы сумеете.

●●●●●●●●●●●●●●●●●● **Правило № 36**

## КАК ЗАЩИТИТЬ СЕБЯ ОТ НАПАДОК ОКРУЖАЮЩИХ

**Вы сможете защититься от нападок окружающих, используя невербальные жесты защиты. Как только вы почувствовали угрозу со стороны окружающих, будь то манипуляция, агрессия, негативные эмоции, вам необходимо принять меры.**

Для того чтобы отразить атаку манипулятора или агрессивно настроенного человека, вы должны прежде всего держать дистанцию, не впускать опасного человека в свое личное пространство. Вы сможете сохранить свою независимость и избежать его влияния, если вовремя уйдете или сумеете удержать его далеко от себя. Допустим, при встрече человек рассчитывает поздороваться с вами и таким образом вторгнуться в ваше пространство, а вы уверены, что у него недобрые намерения, к примеру, он решил вас обмануть или перехитрить, вам следует любым возможным способом увернуться от объятий или поцелуя, не допустить недоброжелателя в свою интимную зону.

Не допускайте, чтобы человек, который имеет недобрые намерения, допускал невербальные фамильярности вроде похлопывания по плечу или трепания за щеку. Постарайтесь уклониться от подобного рода контактов. Вы можете принимать знаки внимания с его стороны, но делать это очень осторожно, чтобы не попасть под его влияние.

Если вы чувствуете, что от человека исходит угроза, вам следует отвести глаза, направить взгляд на другой предмет. Дело в том, что длительный зрительный контакт с таким человеком очень опасен, ведь опытный манипулятор может вас загипнотизировать, убедить вас в чемто против вашей воли. Поэтому старайтесь отводить взгляд, не смотреть пристально на вашего собеседника.

Вы можете дать человеку понять, что не намерены ему подчиняться, не хотите вступать с ним в длительную откровенную беседу. Для этого можете использовать закрытые жесты: скрестить руки на груди или убрать их в карманы. Вы можете дать понять вашему собеседнику, что не горите желанием продолжать разговор, постоянно посматривая на часы.

●●●●●●●●●●●●●●●●●●● **Правило № 37**

## КАК ПРОИЗВЕСТИ ВПЕЧАТЛЕНИЕ ПРИ ВСТРЕЧЕ

**Как говорится, встречаем по одежке, а провожаем по уму. Еще до того, как вы начнете говорить, вас уже начинают оценивать. Вы сможете завоевать доверие вашего собеседника, если научитесь использовать те невербальные средства, которые могут рассказать о вас только хорошее.**

Чтобы произвести впечатление, запомните несколько правил. Первое правило. Внешний вид: вы должны быть аккуратны, сдержаны в деталях, не слишком педантичны. Если сомневаетесь, какому стилю отдать предпочтение, то остановите свой выбор на классическом варианте — это всегда беспроигрышный вариант. Особое внимание обратите на аксессуары, именно они делают ваш стиль неповторимым, говорят о вашей индивидуальности.

Можете отрепетировать свое появление перед зеркалом — отработайте походку и приветствие. Вы хотите произвести впечатление? Нет ничего проще. Научитесь правильно ходить. Раньше для того, чтобы сделать свою походку и осанку красивыми, девушки носили на голове кувшины с водой. В наше время эта традиция устарела. Но можно использовать похожую технику, причем не только девушкам и женщинам, но и представителям сильного пола. Положите на голову несколько книг и пройдитесь так, чтобы эти книги не упали. Вы должны достигнуть следующего эффекта: при быстром перемещении ни одна книга не свалится с вашей головы. Постепенно можете увеличивать груз.

Походка женщины — это ее личность. Она очень многое может рассказать о ее обладательнице. К примеру, активное виляние бедрами свидетельствует о том, что девушка чересчур легкомысленна, старается привлечь внимание мужчин. Если девушка вышагивает как стойкий оловянный солдатик, она скорее всего недружелюбна, неласкова. Походка женщины должна быть мягкой, плавной, с «пластикой пантеры перед прыжком». Если ваша походка недостаточно хороша, вам следует ее подкорректировать. Известен способ Мерилин Монро, а от ее походки многие мужчины теряли голову. Помните о том, что именно каблуки делают женщину женщиной. Если вы не носите обувь на каблуке, тогда самое время начать. Существует легенда, что у Мерилин Монро каблук на одной из туфелек был чуть ниже другого, поэтому ей приходилось из-за этого неудобства ходить очень медленно, плавно покачивая бедрами.

У мужчины должна быть уверенная походка, с широким шагом, но без размахивания руками. Желательно твердо держаться на ногах, чтобы произвести впечатление уверенного в себе человека, который знает себе цену, на которого можно положиться.

Ритуал приветствия тоже очень важен при создании первого впечатления. При встрече вы должны соблюдать правила и нормы этикета, к примеру, если вы идете на деловую встречу, не следует обнимать своего спутника при встрече или целовать в щеку. Для таких случаев подойдет спокойное рукопожатие. Рукопожатие — стандартный ритуал приветствия, который может использоваться в том числе и женщинами на деловой встрече. Рукопожатие должно быть не слишком коротким, но и не должно иметь цель завладеть лидерской позицией, для чего некоторые люди намеренно слишком долго удерживают руку своего партнера — это считается дурным тоном. Поцелуй в щеку — это приветствие, которое можно использовать при встрече двух подруг или на первом свидании с мужчиной. Сделайте этот поцелуй лишь легким прикосновением. Некоторые девушки целуют воздух, чтобы не испортить макияж и не испачкать своего собеседника. Но это считается признаком неуважения и дурным тоном. Если у вас на губах ярко красная помада, вы можете предупредить об этом либо предложить одноразовый платок, чтобы вытереть отпечаток.

Если вы выполните эти условия, то считайте, что победа у вас в кармане, к вам сразу станут относиться более серьезно, будут считать вас человеком приятным во всех отношениях.

●●●●●●●●●●●●●● **Правило № 38**

### КАК ВЫСТУПИТЬ УСПЕШНО НА ПУБЛИКЕ?

**Выступление для большой аудитории — очень ответственное дело. Чтобы добиться успеха в таком нелегком деле, нужно не только хорошо подготовить свое выступление, но и продумать, какими невербальными знаками вы будете пользоваться.**

Готовясь к выступлению на публике, вы должны помнить главное правило — ничто в вас не должно раздражать. Подбирая одежду для выступления, следует отдать предпочтение классическому стилю, из множества цветов и оттенков остановите свой выбор на черно-белой гамме, которая, с одной стороны, яркая и заметная, а с другой — не раздражает глаз. Ваш наряд не должен быть вульгарным, кричащим, эпатирующим. Пусть он привлекает внимание аудитории ровно настолько, чтобы вас было хорошо видно, чтобы вы не сливались с фоном. Ваша одежда не должна быть слишком необычной, привлекающей внимание, иначе в течение всего вашего выступления публика будет заниматься рассматриванием вашего костюма, а никак не слушать ваши слова.

Для своего выступления вы выберите удобное место. Конечно, если это организованное мероприятие, тогда за вас это сделают организаторы. Но если скопление народа — это импровизированный митинг или сходка, тогда вам следует позаботиться о том, где лучше всего встать. Найдите такое место, чтобы вас можно было увидеть с любой позиции. Вы можете залезть на стул, или стол, или любое возвышение. Вы должны быть на голову выше всех, чтобы публика почувствовала, что вы имеете некое преимущество. Вас должно быть видно со всех сторон, чтобы вы смогли использовать весь арсенал невербальных средств воздействия на аудиторию.

Вы должны овладеть наукой привлекать внимание. Как это сделать? Лучше всего воспользоваться невербальными средствами. Ваша жестикуляция должна напоминать жестикуляцию актера на большой сцене. Для выступлений на массовых мероприятиях обычно используют следующие жесты.

Вы можете раскинуть руки, как бы распахнуть объятья. Этот жест имеет символическое значение: «Я являюсь вашим покровителем. Если у вас есть какие-то проблемы, то я их решу». Чтобы привлечь внимание аудитории, поднимите руку вверх и удерживайте ее до тех пор, пока не воцарится молчание. Этот жест означает: «Тихо! Я буду говорить». Это очень яркий, красноречивый жест, который можно использовать не только в начале выступления, но и в середине, если, к примеру, вы почувствуете, что внимание рассеивается. Любой жест, который вы используете, должен быть ярким, большим, заметным. Мелкие жесты для выступления на публике будут смотреться куце, их никто не увидит. Если вы, к примеру, собираетесь использовать перечисляющий жест, тогда вам следует поднять руку на уровень лица, растопырить пальцы широко и загибать их, делая большой замах другой рукой.

Научитесь использовать ваши голосовые данные. Существует мнение, что для большой аудитории нужно всегда говорить громко. На самом деле не всегда следует прибегать к громкому голосу — так вы быстро устанете. Просто говорите четко и делайте паузы, чтобы ваши слова были понятны. В исключительных случаях можно прейти на шепот. Аудитория подумает, что вы сообщаете что-то важное, раскрываете какой-либо секрет, и станет прислушиваться.

●●●●●●●●●●●●●●●● **Правило № 39**

## КАК ПРИВЛЕЧЬ ВНИМАНИЕ В ГРУППЕ?

**Привлечь внимание в группе сложнее, чем привлечь внимание большой аудитории. Во-первых, привлекая аудиторию, вы привлекаете массу, привлекая внимание в группе, вы привлекаете внимание разных индивидуумов, у каждого из которых есть своя точка зрения.**

Для того чтобы привлечь внимание в группе, вы должны использовать специальные, камерные, жесты, направленные на привлечение внимания большой аудитории. Общаясь в небольшой группе, не кричите, не размахивайте руками, чтобы завоевать доверие. Мы сравнивали поведение человека, который выступает на публике, с поведением актера: выступление в группе сродни выступлению актера на малой сцене, приближенной к реальной жизни.

Если вы планируете сказать что-то важное для членов группы, для начала вам нужно организовать группу таким образом, чтобы вас было всем слышно и видно. Если группа разрозненна, подумайте о том, чтобы всех собрать в круг или усадить за стол. Так вы сможете сплотить вокруг себя некое единство.

Общаясь с большой аудиторией, вы, конечно, не сможете обозреть всех собравшихся, но если перед вами небольшая группа, то вы должны по очереди обращать внимание на каждого участника. Смотрите то на одного участника группы, то на другого, чтобы никто не чувствовал себя обделенным вашим вниманием. Визуальный контакт поможет вам почувствовать каждого человека, заметить реакцию на ваши слова. Если вы будете переводить взгляд с одного человека на другого, вся группа будет у вас под контролем. Кроме того, каждый член группы будет ощущать, что вы говорите именно для него.

# Глава 7
## Что можно узнать о человеке, который молчит?

**Правило № 40**

### ХАРАКТЕР ЗАЛОЖЕН В ПОХОДКЕ

**Походка — это физиономия тела, по словам Бальзака. По походке человека вы можете определить не только его пол и возраст, но и его настроение, характер, социальную принадлежность. Как определить значение походки?**

Начнем с самого простого — с походки уверенного человека. Если человек идет ровно, прямо, стремительно, темп его шагов скорый, это говорит об уверенности обладателя такой походки. Если человек шаркает ногами, его руки болтаются не в такт, а голова опущена, создается ощущение, что он идет на казнь или несет тяжелую ношу, это говорит о расстройстве чувств, глубокой депрессии. Возможно, человек находится в состоянии кризиса или ему предстоит не очень приятная встреча. Поэтому если вы заметите, что на встречу с вами человек идет, шаркая ногами, это может говорить о его нежелании видеться с вами, он делает это по необходимости.

Подпрыгивающая походка (человек как бы пружинит на своих ногах) может иметь двоякий смысл. Первое. Прямое значение такой походки — счастливое, ничем не омраченное настроение, в жизни человека происходят радостные события, он доволен и весел, жизнерадостен, настроен на позитив. Второй смысл, более скрытый: человек намеренно старается быть веселым и беззаботным, хотя на самом деле чем-то угнетен. Вычислить мнимую радость очень легко, достаточно обратить внимание на мимику и жесты.

Если человек не разгибает колени, идет на полусогнутых ногах, это может быть свидетельством его почтенного возраста и болей в суставах, если же обладатель такой походки молод, то эта особенность говорит о том, что он неуверен в себе, замкнут, мнителен.

Если человек сильно выбрасывает ноги в стороны, руки его могут покоиться в карманах, либо подпирать бока, его поза напоминает букву «Ф». Это либо признак излишней самоуверенности либо беззаботности, отсутствия занятости, постоянного безделья. Он вышагивает таким образом, потому что ему просто некуда спешить, он не обременен никакими обязанностями.

Осторожный человек очень часто при ходьбе сначала наступает на пятки и легонько перекатывается на носок, вы никогда не увидите его опирающимся на всю ступню. Он осторожничает во всем, в том числе и в походке.

Если человек во время ходьбы очень сильно стучит ногами, то это означает, что он желает привлечь как можно больше внимания окружающих. Он ощущает себя очень значимой персоной, желая громко заявить о своем появлении.

О женской походке следует поговорить отдельно. По тому, как женщина движется, можно определить ее цель, жизненную установку. Если женщина идет медленно, делая небольшие шаги, плавно покачивает бедрами, то она в данный момент настроена на поиск спутника, ее цель — привлечь окружающих мужчин.

Если женщина идет уверенно, отбивая каблучками, ее бедра ходят из стороны в сторону очень резко, это говорит о ее настрое на деловое общение. Это твердая, деловая женщина, которая вряд ли легко откажется от своих принципов.

Женщина переваливается с одной ноги на другую, значит, не научилась пользоваться важнейшим женским орудием — походкой. Такая женщина привыкла заниматься домашним хозяйством. Ее удел — дом, быт, семья. Возможно, она многодетная мать.

Если женщина семенит ногами, идет стремительно, сильно размахивая руками, практически не раскачивая бедрами, это признак эмансипированности. Своей походкой она старается походить на мужчину, ее вовсе не интересует внимание представителей сильного пола.

●●●●●●●●●●●●●●●●●●● **Правило № 41**

## СУТУЛОСТЬ — ПРИЗНАК МНИТЕЛЬНОСТИ

**В данной главе мы поговорим о соотношении: поза — характер человека, поза — настроение человека. Достаточно распространено мнение о том, что прямая осанка — это признак не только аристократизма, но и в достаточной степени уверенности в себе, и наоборот, сутулость — признак неуверенности, доходящей до мнительности.**

Хорошая осанка вырабатывается с годами, это не только правильно сформированный скелет в детстве, но признак вашей уверенности в себе, в своих силах, в том, что вы добьетесь поставленной цели. Сутулость свидетельствует о том, что человек скован, закомплексован, неуверен в себе; сутулясь, он пытается закрыться от мира — это поза защиты.

Хорошая осанка — это не только отражение характера, но и минутного настроения, мимолетного эмоционального всплеска. Вы, наверное, замечали, что стоит сообщить человеку приятную новость, как тут же его плечи расправляются, он выпрямляет спину для того, чтобы предстать перед миром во всей свой красе. И совсем иную картину мы видим, если сообщаем человеку неприятную весть: он тут же сгибается вдвое, пытаясь таким образом спрятаться от неприятностей.

Если человек привык стоять и ходить, чуть искривившись, опустив одно плечо, подняв другое, то это признак непостоянства, возможно, у него нет четких принципов, он двуличен, склонен ко лжи. Для него может быть характерно шутовство, желание скрыть свою истинную натуру либо подчеркнуть свою непохожесть. Асимметрия тела — свидетельство того, что ваш собеседник не совсем искренний человек, он привык лгать. Если человек выпячивает грудь вперед, это может означать чрезмерную самовлюбленность, самоуверенность и гордыню. Человек как бы выставляет напоказ свои достоинства. Если задняя половина туловища отставлена назад, а верхняя стремится вперед, это говорит о любопытстве человека, о его стремлении все узнать самым первым.

●●●●●●●●●●●●●●●●●●● **Правило № 42**

## ДЕРЖИТЕ НА ЗАМКЕ СВОЮ ЛИЧНУЮ ЗОНУ

**В зависимости от того, на каком расстоянии человеку удобно общаться, он может иметь разные намерения. Если человек привык общаться с вами на далеком расстоянии, то это значит, что ему не очень комфортно в вашей компании, если же он приблизился слишком близко, возможно, у него дурные намерения.**

Существует несколько зон взаимодействия между людьми. Дальняя зона взаимодействия — это зона от 1 метра до 70 см. Зона близкого контакта — 70—50 см. Меньше 50 см дистанции между людьми — это интимный контакт.

Если человек достаточно комфортно чувствует себя на далеком расстоянии от вас, всегда находится не ближе 70 см и при любой вашей попытке сократить эту дистанцию пытается отстраниться либо прервать разговор — он не расположен к доверительной беседе с вами. Скорее всего он не намерен вступать с вами в дружеские отношения. Возможно, ему просто неприятно с вами разговаривать.

Если человек занимает позицию от 70 до 50 см от вас, знайте, что это самая комфортная зона взаимодействия. Она позволяет собеседникам хорошо друг друга воспринимать, не нарушая при этом личной зоны. Это говорит о том, что ваш собеседник знает правила и нормы этикета, кроме того, он неплохо к вам относится, ему с вами достаточно комфортно. Хотя этот человек не расположен к вам настолько, чтобы вторгнуться в ваше интимное пространство и допустить вас в свое, он предпочитает держаться на безопасной дистанции, допустимой нормой приличия.

Если же человек стремится нарушить вашу личную зону, вам следует насторожиться — у него, возможно, недобрые намерения. Конечно, если этот человек ваш близкий друг или родственник, то в его действиях нет ничего предосудительного. Мы всегда приветствуем близких нам людей, вторгаясь в их личное пространство, поцелуем или объятьями.

Но если человек вам мало знаком и сразу стремится нарушить вашу личную зону, это тревожный сигнал. Возможно, он хочет использовать ваше доверие, чтобы вами манипулировать. В таких случаях следует действовать незамедлительно. Если вы заметили, что человек, мало вам знакомый, в процессе общения пытается сократить дистанцию между вами менее чем на

50 см, вы должны сделать все, чтобы не допустить этого. Уходите без объяснения причин либо постарайтесь создать какую-либо преграду между вами, чтобы ваш навязчивый собеседник не смог приблизиться к вам слишком близко, к примеру, встать за забор, прикрыть дверь, воспользоваться помощью третьего лица, которое тоже может стать символической преградой.

Важным источником информации о вашем собеседнике является и другой невербальный сигнал — его положение в пространстве. Этот невербальный сигнал свидетельствует о намерениях собеседника. Самое распространенное расположение двух людей во время разговора — напротив друг друга. Если ваш партнер пытается изменить это положение, старается встать или сесть сбоку, это может говорить о том, что человек желает наладить с вами более тесный контакт, стать для вас более близким человеком. Но будьте осторожны, если человек, меняя положение, старается уйти от вашего взгляда. Ваш собеседник может специально подсесть к вам сбоку, чтобы вы не могли проконтролировать его, проследить за его непроизвольными реакциями.

Есть еще один смысл перемены положения вашего собеседника. Допустим, во время беседы возникло напряжение, назрел конфликт, во избежание его развития ваш собеседник может намеренно присесть с вами рядом для того, чтобы снять видимое противостояние сторон, которое выражается тем, что вы находитесь как бы по разные стороны баррикад — сидите или стоите напротив друг друга. Подсаживаясь к вам или вставая с вами рядом, человек стремится свести конфликт на нет. Это также сигнал того, что он готов пойти на компромисс.

●●●●●●●●●●●●●●●●●● **Правило № 43**

## СМЕХ ПОМОГАЕТ РАЗОБРАТЬСЯ В ЛЮДЯХ

**Смех имеет много масок. Человек смеется, чтобы снять напряжение, чтобы завоевать чье-то доверие, чтобы кому-то понравиться, чтобы не испугаться. Для того чтобы разобраться в таком многообразии, нужно знать особенности каждого типа смеха. Давайте разберемся, что означает человеческий смех.**

Смех, как и улыбка, может быть ярким, открытым или сдержанным, закрытым. У каждого типа есть свои отличительные особенности. При открытом смехе зубы обнажены, иногда разжаты. Если ваш собеседник в вашем присутствии смеется описанным выше способом, можете себя поздравить, вы очень обаятельный собеседник, в вашей компании партнеру очень комфортно. Он расположен к вам, настроен на доверительные отношения.

Если же в вашей компании человек смеется закрытым смехом, не размыкая губ, пытается сдержать порывы смеха, при этом поток воздуха направляется через нос, возникает эффект носового смеха, который звучит не очень приятно, это признак того, что человеку неловко в вашем обществе, он не готов открыть себя, обнажить свои эмоции. Возможно, вы еще не достаточно друг друга узнали. А возможно, вы просто не обладаете талантом завоевывать доверие окружающих.

Если человек начинает сдерживать свой смех, он не настроен на контакт с вами. Возможно, это признак того, что ваш собеседник по натуре закрытый человек, не привык доверять окружающим свои эмоции, не хочет показывать всю свою подноготную.

Если смех человека напоминает хихиканье, это говорит о том, что его обладатель — скрытная, возможно, лживая натура, он никогда не расскажет вам всей правды, даже если во вранье нет необходимости.

Если человек постоянно смеется, вне зависимости от того, смешно ему или нет, пытается показаться веселым и развязным, то, возможно, смех — это маска, которая помогает ему бороться с кучей комплексов. Скорее всего по своей природе такой человек скромен и робок. Смех — это своеобразный способ защиты. Если человек над всем смеется, иронизирует, это не обязательно признак веселого нрава, а лишь желание скрыть свои недостатки, злобу, зависть, негативные эмоции.

Если человек смеется грудным, низким смехом (смех злодеев из мультфильмов), это признак превосходства. Возможно, у человека не совсем добрые намерения. Подобный смех может даже напугать. Но, вероятнее всего, ваш собеседник хочет вас испугать смехом, так как не может сделать это по-другому. Он для вас не опасен.

Если человек смеется невпопад, часто, когда вовсе не смешно, это признак того, что перед вами очень эмоциональный человек, склонный к нервозности. Возможно, ваш собеседник находится на грани нервного срыва, у него на душе кошки скребут, а он таким образом пытается снять напряжение. С обладателем такого нервного, очень резкого, похожего на хохот, смеха нужно быть осторожным, стоит вам неудачно пошутить или сказать что-то не очень приятное, он может не выдержать и сорваться: взрыв смеха может смениться истерикой.

**●●●●●●●●●●●●●●●●●●●● Правило № 44**

## ЧТО МОЖНО СКАЗАТЬ О ЧЕЛОВЕКЕ ПО МАНЕРЕ КУРИТЬ?

**Способ курения — это своеобразный язык, азбука, по которой опытный шифровальщик может вычислить настроение курильщика, его мысли, принятое решение. Каждый жест курильщика индивидуален, но существуют универсальные способы проявить себя в манере курить.**

По тому, в какую сторону курильщик выпускает дым, можно сделать вывод о принятом им решении. Если струя дыма направлена вниз, то ваш собеседник принял отрицательное решение, он намерен вам отказать. Если струя идет вверх, тогда его резолюция будет положительной. Если же дым направлен в сторону, то скорее всего ваш собеседник все еще находится между двух огней, он не принял окончательного решения.

По тому, как человек держит сигарету, можно определить его настрой, намерения. Курильщик держит сигарету, сжав при этом руку в кулак, значит, у него плохое настроение, он старается скрыть от собеседника свои эмоции, не намерен открывать свои истинные мысли, возможно, что-то задумал. Если сигарета находится между вытянутым средним и указательным пальцем, это признак того, что ваш собеседник уверен в себе, настроен на контакт, беседа с ним может быть продуктивной. Если женщина держит сигарету, обращая при этом запястье в сторону мужчины, это может быть сигналом флирта, таким образом она заигрывает с мужчиной.

Очень важной характеристикой курильщика является то, как быстро он курит. Если курит очень быстро, при этом резко втягивает в себя сигаретный дым, это говорит о том, что он привык вести очень активный образ жизни, все делает на бегу, всегда спешит, торопится. Он всегда стремителен в действиях. Если человек курит медленно, это признак того, что он привык жить в размеренном, неспешном ритме. У него всегда найдется минута-другая, для того чтобы остановиться перед выбором и поразмыслить. Этот человек — мыслитель: много думает, анализирует. Человек уравновешен эмоционально, возможно, имеет отношение к творческой профессии, где один из важных процессов — процесс мыслительный.

Если человек курит, при этом закрывает глаза, то это говорит о том, что человек погружен в глубокие размышления, сконцентрировался на своих мыслях. Лучше не приставать к нему с вопросами.

Если человек выпускает дым в виде тонкой струи, то это может быть признаком его решительности, возможно, темпераментности. Он привык принимать важные решения, знает, что такое груз ответственности. Если же человек выпускает сигаретный дым плавно, пускает дымовые «колечки», он склонен к меланхолии, задумчивости, а по натуре мягкий и менее решительный.

●●●●●●●●●●●●●●●●●●●●● **Правило № 45**

## ОТСУТСТВИЕ ВКУСА В ОДЕЖДЕ — ЖЕЛАНИЕ ВЫДЕЛИТЬСЯ ИЛИ НЕУВАЖЕНИЕ К ОКРУЖАЮЩИМ?

**О чем говорит аккуратность во внешности вашего собеседника? Это может быть признаком того, что он хочет выгодно отличаться от других людей, либо свидетельствовать о его хорошем отношении к окружающим, о желании быть оцененным.**

В некотором роде внешний вид является отражением настроения человека, по внешнему виду можно также определить, каков человек, как он сам к себе относится. Если человек в годах предпочитает неформальный, подростковый стиль одежды, это свидетельство того, что он не созрел как личность. Возможно, это способ защиты от нападок окружающих, от их возможного осуждения: «Я еще слишком молод, поэто-

**110**

му не судите меня за мои ошибки». Желание всегда оставаться ребенком, инфантильность в стиле одежды свидетельствует о том, что человек не готов самостоятельно отвечать за свои поступки.

Если человек предпочитает одеваться ярко и вычурно, то это свидетельство того, что он стремится быть заметным среди серой, однообразной массы людей, он хочет, чтобы его усилия оценили. Возможно, он стремится занять позицию лидера. Такая одежда тоже может служить защитой от окружающих, так как за ней человек может скрывать свое истинное «Я». Это происходит тогда, когда личностные данные, характер человека не соответствуют его ожиданиям, он надевает маску, прячет свою природную робость и скромность за яркой одеждой. Иногда этот прием срабатывает, и человек, робкий и неуверенный в себе, превращается в зрелую и очень сильную личность.

Спортивный стиль — это желание максимально легко и просто выглядеть уверенным и успешным человеком. С одной стороны, одежда придает уверенность, а с другой стороны — требует минимум усилий. Спортивная одежда не нуждается в особом уходе, в ней легко и комфортно каждому. Но если спортивный стиль в вашем гардеробе преобладает, о вас может сложиться не очень выгодное впечатление, вас станут воспринимать как ленивого человека, который хочет все упростить до предела.

Классический стиль одежды — это самый удобный и подходящий вариант на все случаи жизни. Он точно подойдет в любой ситуации и никого не будет раздражать. Вы не хотите заранее показаться лучше, чем вы есть, не делаете скидку на собственную несостоятельность, заявляя своим внешним видом, что не способны выполнять трудную работу. Вас будут воспринимать серьезно, будут обращать внимание не на то, как вы одеты, а на ваши личностные качества. Вы заинтересуете окружающих как личность, а не как на манекен, на котором надеты последние новинки от-кутюр.

Если в вашей одежде присутствует небрежность, это может быть дань моде, выражение вашего мировоззрения, но в первую очередь это признак неуважения к окружающим. Если вы не уделяете достаточно внимания своей внешности, то вы тем самым пытаетесь перечеркнуть все устои и правила, которые придумали до вас. Если, одеваясь небрежно, вы рассчитываете покорить всех своей экстравагантностью, эпатировать таким образом окружающих, то это не всегда уместно и корректно по отношению к другим. Запомните, что эпатаж в одежде допустим тогда, когда вас уже знают, вы — знаменитость, о которой уже сложилось определенное мнение. Деятелям шоу-бизнеса разрешено все. Эпатаж входит в их обязанности, иначе к ним пропадет интерес. Если же вы не относитесь к этой категории людей, тогда приходить на деловую встречу или вечеринку, где вас мало кто знает, одеваясь против установленных правил, запрещено. Вы рискуете весь вечер провести в одиночестве, испугав всех потенциальных собеседников.

Не рекомендуется также излишняя педантичность. Если вы будете одеты чересчур правильно, на вас будет строгий костюм, с застегнутыми доверху пуговицами, то это также может испугать окружающих. Это, кстати, свидетельствует об отсутствии индивидуальности. Выбирая классический стиль, постарайтесь привнести свое видение в классический костюм: чтобы подчеркнуть свою индивидуальность, можете использовать часы, очки или другие модные аксессуары, туфли на высоком каблуке, тогда вы произведете впечатление.

● ● ● ● ● ● ● ● ● ● ● ● ● ● ● ● ● ● ● **Правило № 46**

## КОЛЕЧКИ, СЕРЬГИ, БРОШИ — ЛУЧШИЕ ПОДСКАЗКИ

Очень часто мы не обращаем внимания на украшения, которые носит человек, этим мы совершаем большую ошибку. Умение правильно подобрать бижутерию к своему наряду говорит не только о чувстве вкуса. Украшения могут многое рассказать о своем хозяине. Главное — уметь читать «подсказки», которые надеты на человеке.

Человек, подбирая украшения, выражает свою индивидуальность. Если выбор одежды, фасона, цвета может свидетельствовать не столько о человеческих предпочтениях, сколько о следовании моде, то выбор украшения — очень индивидуальный момент. Человек всегда выбирает то, что соответствует его характеру, индивидуальности.

Известно, что каждый стремится носить украшения с камнями, которые ему больше подходят. Каждый камень уникален по своим свойствам и подходит человеку с определенным набором качеств. Вот лишь несколько соответствий «камень — характер».

Если вы заметите пристрастие вашего собеседника к украшениям с *жемчугом*, то это может свидетельствовать о том, что он стремится к чистоте, женственности, невинности. Это также камень знания, возможно, что ваш собеседник «скрытый» интеллектуал. Вы заметили, что на груди у вашего спутника висит кулон с *изумрудом*, обратите внимание на него. Это камень верности. По преданию, он распадается при супружеской неверности. Этот человек при любых обстоятельствах остается верным своим традициям и устоям. Считается, что камень помогает только человеку с чистой совестью, а лживому и лицемерному мешает в реализации своих планов. Заметили на груди брошь с *рубином*, это украшение не может быть свидетельством добродетельности. Рубин приносит силу любому человеку. Все, кто обращается к нему за помощью, как правило, получают ее. Но вам следует быть осторожнее, ведь если у человека дурные намерения, это может означать, что он добьется успеха. *Аквамарин* — камень влюбленных, если у вашего собеседника украшение с этим камнем, то скорее всего его сердце не свободно. Очень хорошим оберегом является *алмаз*, если у вашего партнера имеется такой камень, то, возможно, он пытается защититься от нападок окружающих, опасается, что его могут обидеть. Если человек отдает предпочтение *гранату*, это говорит о том, что он думает о своем здоровье, это камень здоровья и благополучия. *Бирюза* — очень активный камень. Считается, что его носят очень уверенные и нацеленные на победу люди.

Обилие украшений свидетельствует о том, что ваш собеседник желает выделиться, он обладает яркой индивидуальностью либо ее отсутствием и старается компенсировать этот пробел украшениями. Если же украшения вообще от-

**115**

сутствуют, то это говорит о том, что человек лишен индивидуальности, не умеет подбирать бижутерию для себя, он попросту безлик.

● ● ● ● ● ● ● ● ● ● ● ● ● ● ● ● **Правило № 47**

**ЗАПАХ ДУХОВ ВЫДАЕТ
ТЕМПЕРАМЕНТ ЧЕЛОВЕКА**

**Вы, наверное, замечали, что каждый человек выбирает себе запах по своему вкусу. Выбор духов — это исключительно индивидуальный выбор, который может многое рассказать о человеке. Если вы обладаете хорошим чутьем, способны отличать один запах от другого, тогда вы сможете воспользоваться нашими советами и определить натуру человека по его духам.**

Существует мнение, что парфюм подбирают для того, чтобы понравиться другим, облагородить свой собственный запах, но всем понравиться невозможно, поэтому человек, выбирая духи, ориентируется на собственный вкус. Вы не сможете носить на себе запах, который вам не нравится, даже если большинство отдает предпочтение именно ему. Поэтому выбор запаха — это исключительно ваш индивидуальный выбор.

Если человек предпочитает сладкие, цветочные и фруктовые ароматы, от него пахнет каким-нибудь тропическим фруктом или экзотическим цветком, это говорит о том, что человек экстраверт, он достаточно открыт для окружающих и готов поделиться своими эмоциями. Скорее всего такой выбор духов подходит людям сангвинического темперамента, которые всегда рады привлечь к себе внимание и достаточно уравновешены эмоционально.

Если человек предпочитает свежие, но приглушенные, спокойные ароматы (алоэ, морской бриз, свежие фрукты — лимоны или яблоки), это значит, что он интроверт, закрыт от окружающих, не готов к доверительным отношениям с первым встречным. Общается с незнакомым человеком очень настороженно, боязливо. Никогда не открывается сразу. Он достаточно спокоен, неэмоционален. Такой выбор говорит о том, что человек либо меланхолик, либо флегматик.

Если человек любит яркий, резкий аромат, то это признак высокой эмоциональности. Насыщенный и яркий аромат выбирают люди, которые хотят, чтобы их заметили, они стараются проявить себя во всем, в том числе и в очень сильном, иногда отталкивающем запахе. Такой выбор характерен для холериков — людей, склонных к резким эмоциональным перепадам, но в то же время достаточно свободно идущих на контакт.

● ● ● ● ● ● ● ● ● ● ● ● ● ● **Правило № 48**

## ЧЕЛОВЕК В ОЧКАХ — ПОВОД ДЛЯ РАЗМЫШЛЕНИЙ

**Если человек носит очки, то это может очень многое рассказать о его натуре. Выбор очков, манипуляции с ними — это, как правило, не случайные действия, а невербальные сигналы, которые многое расскажут о человеке, если вы научитесь их расшифровывать.**

Если человек носит очки с затемненными стеклами в отсутствие ветра или солнца, то это может свидетельствовать о скрытности его натуры, о его боязни окружающих. Он пытается спрятать глаза, так как чувствует себя некомфортно, общаясь с вами.

Иногда человек носит очки вместо контактных линз для того, чтобы казаться умнее, солиднее. Если человек считает, что его внешность недостаточно подходит для достижения его целей, либо он не уверен в своих интеллектуальных или лидерских качествах, он использует иные средства, для того чтобы добиться уважения окружающих, в том числе надевает очки, создает себе имидж солидного и успешного человека.

Очки — это также способ продемонстрировать свое отношение к окружающим, к тому, о чем идет разговор, также с помощью очков можно выяснить намерения собеседника. Если человек то и дело снимает очки и протирает стекла, это признак того, что он тянет время. Возможно, он пытается обдумать ваше предложение, найти аргументы для того, чтобы переубедить вас. Если он снял очки и демонстративно положил их в чехол либо убрал в сумку, то это говорит о том, что он намерен в ближайшее время уйти, поскольку он уже все для себя уяснил и продолжать беседу не имеет смысла.

Если человек снял очки и грызет душку очков, это говорит о том, что он находится в состоянии раздумья, обдумывает ваше предложение, возможно, в этот момент он вас не слушает. Если он играет с очками, то и дело перекладывая их из руки в руку, — это свидетельство того, что он чувствует себя неловко, пытается найти тему для разговора. Человек, который привык управлять другими, часто использует очки в качестве указки и показывает ими на предметы или просто размахивает. Если человек рисует очками всевозможные круги или иные фигуры — это сигнал того, что вы ему уже изрядно надоели и беседу пора завершать.

Если при встрече с вами человек надевает очки, это не очень тактичный жест, его даже можно отнести к категории дурных жестов, выражающих пренебрежение и неуважение. Таким образом человек дает вам понять, что собирается вас детально, подробно изучить. Такой жест допустим, только если обладатель очков весьма пожилого возраста. Это также признак недоверия: «Я вам не доверяю, поэтому буду следить за вами очень внимательно, чтобы уличить вас в обмане».

● ● ● ● ● ● ● ● ● ● ● ● ● ● ● ● **Правило № 49**

### 7 ЦВЕТОВ РАДУГИ — 7 ТИПОВ ЛЮДЕЙ

**По мнению некоторых психологов, выбор цвета тесно связан с основными чертами характера человека. И действительно, цвета отражают наш внутренний мир и влияют на наше настроение — придают энергию и радость жизни или, наоборот, угнетают, раздражают и вызывают депрессию.**

Поэтому для нашего самочувствия очень важно, какими цветами мы себя окружаем. Учеными и психологами создано несколько теорий на тему того, каким образом цвет оказывает влияние на человека и как соответствуют цвета определенному типу человека. И все же мы убеждены, что благодаря уникальности каждого из нас всегда гораздо объективней довериться своей интуиции. Тем не менее проверим, как научная версия совпадает с вашими ощущениями.

Если вы заметили пристрастие вашего собеседника к *бордовому* и *темно-красному цвету*, это говорит о том, что перед вами человек достаточно уверенный в себе, в нем таится скрытая страсть и сексуальность. Если ваш собеседник отдает предпочтение *красному* цвету, значит, он амбициозен, причем явно демонстрирует это окружающим. Он заявляет прямо и открыто, что он стремится стать лидером. Безусловно, одежда не сможет ему в этом помочь, если он не обладает лидерскими качествами. Если ваш спутник ярый сторонник одежды *оранжевого* цвета, тогда скорее всего он человек действия: стремится к победе не уловками и ухищрениями, а готов к реальным действиям, чтобы добиться успеха.

Если ваш собеседник предпочитает одежду *желтых* тонов, то это признак его интеллектуальности. Также это означает, что он ведет активный образ жизни и весьма незаурядная личность. Сторонники *зеленого* цвета — люди весьма осторожные, они относятся к категории созерцателей и мыслителей, но никак не людей действия. Если любимый цвет вашего партнера — *голубой*, это признак креативности и чувствительности. Существует разрыв между человеком, предпочитающим голубые оттенки, и реальностью, он живет в мире фантазии. Если же более темные оттенки *синего* — темно-синий и *фиолетовый*, то это признак того, что ваш собеседник отличается независимостью и незаурядным умом. У любителей *фиолетового цвета* очень развита интуиция.

Черный, серый и белый цвета выпадают из радужного спектра, состоящего из 7 цветов, но мы также скажем несколько слов о сторонниках этих цветов. Если одежда черного цвета появляется в гардеробе от случая к случаю, то это может означать, что человек пытается контролировать себя, у него сильное мнение и сложившаяся позиция. Если же черный цвет является преобладающим, это может говорить о желании человека спрятаться от окружающих, о его стремлении уйти от людей, о его неуверенности в себе. Серый цвет — цвет гиперответственных и правильных людей. Если ваш собеседник предпочитает белый цвет, это знак того, что перед вами человек, который стремится к справедливости. Если же белого слишком много, это признак собственной неполноценности или болезненного чувства превосходства над окружающими.

# Заключение

Человечество создает специальные синтетические языки для того, чтобы люди разных национальностей могли общаться друг с другом. На самом деле не надо ничего придумывать, достаточно обратиться к природе нашего тела: с помощью языка жестов можно легко объяснить иностранцу, где находится Красная площадь, просто указав в ее сторону, либо спросить у иноязычного человека, который теперь час. Язык жестов — это универсальный способ общения.

Мы живем в мире закодированных сигналов, нерасшифрованных знаков и символов, которые посылаем друг другу в надежде, что хоть кто-то правильно нас поймет. Но, как правило, этого не происходит, люди не могут понять друг друга прежде всего потому, что они слишком увлечены собой, своими мыслями, не обращают внимания на других. Есть еще одна причина непонимания и неумения наладить контакт: люди еще не научились читать язык невербальных сигналов. Чтение невербальной символики — это целая наука, которой нужно учиться всю жизнь.

Ведь жесты, мимика, поза у каждого человека индивидуальны. В этой книге мы попытались рассказать о тех сигналах, которые ученые сумели расшифровать, о тех универсальных знаках, которые мы используем для выражения своих эмоций, чувств, мыслей. А сколько осталось «за кадром»? Не сосчитать. Мы не смогли бы при всем желании охватить все нюансы и детали нашего с вами невербального общения не потому, что провели некачественное исследование, а потому, что невозможно объять необъятное. Невербальных сигналов слишком много, чтобы все они уместились в одной книге. Для этого нужно составлять энциклопедию, словарь невербальных сигналов, который не будет уступать, а возможно, даже превзойдет по численности самые полные версии толковых словарей.

Но тем не менее изучив эту книгу, вы стали обладателями ценных знаний, которые помогут вам наладить контакт с окружающими, помогут понять, что за человек перед вами. Вы сможете читать человека, как открытую книгу, научитесь понимать не только его слова, но его тайные, скрытые мысли.

# Оглавление

Введение . . . . . . . . . . . . . . . . . . 5

Глава 1. О ЧЕМ ГОВОРЯТ ЧЕЛОВЕЧЕСКИЕ
ЖЕСТЫ? . . . . . . . . . . . . . . . . 7

Глава 2. КАК ПО НЕВЕРБАЛЬНЫМ СИГНАЛАМ
ВЫЧИСЛИТЬ ОБМАНЩИКА? . . . . . . . 46

Глава 3. КТО ПЕРЕД ВАМИ: НАЧАЛЬНИК
ИЛИ ПОДЧИНЕННЫЙ? . . . . . . . 57

Глава 4. НЕВЕРБАЛЬНЫЕ СИГНАЛЫ
АТТРАКЦИИ (СИМПАТИИ) . . . . . . . 67

Глава 5. НЕВЕРБАЛЬНЫЕ СИГНАЛЫ
АГРЕССИИ . . . . . . . . . . . . . . 77

Глава 6. КАК ИСПОЛЬЗОВАТЬ ЗНАНИЕ
НЕВЕРБАЛЬНОГО ЯЗЫКА НА ПРАКТИКЕ? . 85

Глава 7. ЧТО МОЖНО УЗНАТЬ О ЧЕЛОВЕКЕ,
КОТОРЫЙ МОЛЧИТ? . . . . . . . . . 97

Заключение . . . . . . . . . . . . . . . 123

Популярное издание

Оксана Сергеева

# ЯЗЫК ЖЕСТОВ
# КАК ЧИТАТЬ МЫСЛИ БЕЗ СЛОВ?

*49 простых правил*

Ответственный редактор *Л. Ошеверова*
Художественный редактор *Н. Никонова*
Технический редактор *О. Куликова*
Компьютерная верстка *С. Кладов*
Корректор *Н. Овсяникова*

**ООО "Издательство "Эксмо"**
127299, Москва, ул. Клары Цеткин, д. 18/5. Тел. 411-68-86, 956-39-21.
Home page: **www.eksmo.ru** E-mail: **info@eksmo.ru**

Өндіруші: «ЭКСМО» АҚБ Баспасы, 127299, Мәскеу, Клара Цеткин көшесі, 18/5 үй.
Тел. 8 (495) 411-68-86, 8 (495) 956-39-21.
Home page: www.eksmo.ru . E-mail: info@eksmo.ru.
Қазақстан Республикасындағы Өкілдігі: «РДЦ-Алматы» ЖШС, Алматы қаласы,
Домбровский көшесі, 3«а», Б литері, 1 кеңсе. Тел.: 8(727) 2 51 59 89,90,91,92,
факс: 8 (727) 251 58 12 ішкі 107; E-mail: RDC-Almaty@eksmo.kz
Қазақстан Республикасының аумағында өнімдер бойынша шағымды Қазақстан
Республикасындағы Өкілдігі қабылдайды: «РДЦ-Алматы» ЖШС,
Алматы қаласы, Домбровский көшесі, 3«а», Б литері, 1 кеңсе,
Өнімдердің жарамдылық мерзімі шектелмеген.

Подписано в печать 17.01.2013.
Формат 70×90 ¹/₃₂. Гарнитура «Журнальная». Печать офсетная.
Бумага тип. Усл. печ. л. 4,68.
Доп. тираж  5000 экз. Заказ № 5031.

Отпечатано с электронных носителей издательства.
ОАО "Тверской полиграфический комбинат". 170024, г. Тверь, пр-т Ленина, 5.
Телефон: (4822) 44-52-03, 44-50-34, Телефон/факс: (4822)44-42-15
Home page - www.tverpk.ru Электронная почта (E-mail) - sales@tverpk.ru

ISBN 978-5-699-29064-2

**Оптовая торговля книгами «Эксмо»:**
ООО «ТД «Эксмо». 142702, Московская обл., Ленинский р-н, г. Видное,
Белокаменное ш., д. 1, многоканальный тел. 411-50-74.
E-mail: **reception@eksmo-sale.ru**

**По вопросам приобретения книг «Эксмо»
зарубежными оптовыми покупателями**
*обращаться в отдел зарубежных продаж ТД «Эксмо»*
E-mail: **international@eksmo-sale.ru**

***International Sales:*** *International wholesale customers should contact
Foreign Sales Department of Trading House «Eksmo» for their orders.*
**international@eksmo-sale.ru**

**По вопросам заказа книг корпоративным клиентам,
в том числе в специальном оформлении,**
*обращаться по тел. 411-68-59, доб. 2299, 2205, 2239, 1251.*
E-mail: **vipzakaz@eksmo-sale.ru**

**Оптовая торговля бумажно-беловыми
и канцелярскими товарами для школы и офиса «Канц-Эксмо»:**
Компания «Канц-Эксмо»: 142700, Московская обл., Ленинский р-н,
г. Видное-2, Белокаменное ш., д. 1, а/я 5.
Тел./факс +7 (495) 745-28-87 (многоканальный).
e-mail: **kanc@eksmo-sale.ru**, сайт: **www.kanc-eksmo.ru**

*Полный ассортимент книг издательства «Эксмо» для оптовых покупателей:*
**В Санкт-Петербурге:** ООО СЗКО, пр-т Обуховской Обороны, д. 84Е.
Тел. (812) 365-46-03/04.
**В Нижнем Новгороде:** Филиал ООО «Торговый Дом «Эксмо» в Нижнем Новгороде,
ул. Маршала Воронова, д. 3. Тел. (8312) 72-36-70.
**В Ростове-на-Дону:** Филиал ООО «Издательство «Эксмо» в г. Ростове-на-Дону,
пр-т Стачки, 243 «А». Тел. +7 (863) 305-09-12/13/14.
**В Самаре:** ООО «РДЦ-Самара», пр-т Кирова, д. 75/1, литера «Е». Тел. (846) 269-66-70.
**В Екатеринбурге:** ООО «РДЦ-Екатеринбург», ул. Прибалтийская, д. 24а.
Тел. +7 (343) 272-72-01/02/03/04/05/06/07/08.
**В Новосибирске:** ООО «РДЦ-Новосибирск», Комбинатский пер., д. 3.
Тел. +7 (383) 289-91-42. E-mail: **eksmo-nsk@yandex.ru**
**В Киеве:** ООО «РДЦ Эксмо-Украина», Московский пр-т, д. 6.
Тел./факс: (044) 498-15-70/71.
**В Донецке:** ул. Артема, д. 160. Тел. +38 (062) 381-81-05.
**В Харькове:** ул. Гвардейцев Железнодорожников, д. 8.
Тел. +38 (057) 724-11-56.
**Во Львове:** ул. Бузкова, д. 2. Тел. +38 (032) 245-01-71.
**Интернет-магазин:** www.knigka.ua. Тел. +38 (044) 228-78-24.
**В Казахстане:** ТОО «РДЦ-Алматы», ул. Домбровского, д. 3а.
Тел./факс (727) 251-59-90/91. RDC-Almaty@eksmo.kz

*Полный ассортимент продукции издательства «Эксмо»
можно приобрести в магазинах «Новый книжный» и «Читай-город».*
Телефон единой справочной: 8 (800) 444-8-444.
Звонок по России бесплатный.

**В Санкт-Петербурге в сети магазинов «Буквоед»:**
«Парк культуры и чтения», Невский пр-т, д. 46. Тел. (812) 601-0-601
**www.bookvoed.ru**

*Интернет-магазин ООО «Издательство «Эксмо»*
**www.fiction.eksmo.ru**
*Розничная продажа книг с доставкой по всему миру.*
Тел.: +7 (495) 745-89-14. E-mail: **imarket@eksmo-sale.ru**

Издательство "ЭКСМО" представляет серию

*Психология всё по полочкам*

www.eksmo.ru

## ПРОСТЫЕ ПРАВИЛА

Мы предлагаем вам 49 простых правил,
которые... нет, не перевернут мир, но изменят вашу жизнь к лучшему!

## ПРОСТЫЕ ОТВЕТЫ

Часто в нашей жизни гораздо больше вопросов, чем ответов.

■ **Как удачно выйти замуж?**
■ **Как вернуть любимого?**
■ **Как научиться защищать свои интересы?**

## ПРОСТЫЕ ШАГИ

Пошаговая инструкция по решению любой проблемы.

**СДЕЛАЙТЕ ВАШУ ЖИЗНЬ ЯРЧЕ,
ОТНОШЕНИЯ С РОДНЫМИ И БЛИЗКИМИ — ТЕПЛЕЕ,
НАУЧИТЕСЬ ПОЛУЧАТЬ УДОВОЛЬСТВИЕ ОТ ОБЩЕНИЯ!**

2011-607